監督・曺貴裁の指導論

選手を伸ばす30のエピソード

※本書に記載された選手の所属は2018年1月10日現在のものです

はじめに

　相反するものは、しかしときに共存し、結ばれ、響き合う。たとえば光が影を生み出すように、たとえば磁石が二つの磁極を持つように、あるいは、一瞬に永遠が息づくように。

　磊落にして繊細、奔放にして質実、情熱的にして緻密な戦術家。曺貴裁というひともまた、対極を併せ持つ印象を抱かせる。

　現役時代は中途半端なプレイヤーだったと振り返る。当時から指導者になりたいと思っていたわけではない。自分の言うことを聞けば選手が上手くなるとも思っていない。

　喜びはべつのところにあるという。

「僕と関わってくれたひとが、前向きになったり自信を持ったりすることが自分にとっての喜び。だから監督としてというより、ともに生きていくひととして選手を見ているところがある。お互いに協力していく姿勢がこの仕事をやるうえでの僕のそもそもの始まり。ひとに教えるまえに、まずは自分が子どもや選手や仕事を愛することが大事だし、そういう大人を見て、自分も頑張ろうと子どもは思える。選手は指導者のモルモットではないし、彼らの表情が生き生きしていなかったら、勝っても喜びなどとても感じられない。自分が選手を育てたという感覚はなく、選手が自ずと育つその過程を見守っているだけだと思っている」

曺貴裁監督が湘南ベルマーレのトップチームを指揮して丸6年が経つ。就任1年目の2012年にはJ2で2位となり、J1昇格を決めた。翌年降格するも、ふたたびJ2に挑んだ2014年、Jリーグ記録となる開幕14連勝に始まり、史上最速のJ1昇格や勝点101を積み上げるなど、圧倒的な記録とともにリーグを制した。2015年はJ1で8位の成績を収め、初の残留も果たした。

翌年の降格を経て迎えた2017シーズン、いま一度J2に臨んだ湘南は、「共走」をスローガンに掲げ、再度リーグの頂点にたどり着いた。

かの年、彼らが示した一体感に、指揮官の大切にする想いが同期する。

「先発の11人、もしくはベンチの7人の選手がピッチの上でやったことが結果になるけど、試合に出られない選手やスタッフも支え合って一緒に戦っている。このチームに係わることで、楽しいなと全員に思ってほしい」

重ねた年月を思う。J1とJ2を行き交う歩みのなかで、ビッグクラブに巣立った者もいれば、かたや高校や大学で注目を集めた若き才能がやってくる。自身の成長を期し、湘南でサッカーをやりたいと望む声もあると聞く。

指揮官のもとでプレーし、現役を引退して指導者になった者もいる。早稲田大学を卒業し、2007年に加入した山口貴弘は、曺監督が初めて指揮を執った2012年まで湘南でプレーし、以後V・ファーレン長崎や大分トリニータで活躍し、2017シーズンをもってスパイクを脱いだ。そして2018年より湘南ベルマーレU-15藤沢でコーチとしてリスタートを切ることになった。

「もともとコーチをやりたいという気持ちは強かった」と語る山口は、現役の頃から指導者を志していた理由をこう明かす。

「ひとつは曺さんの存在です。監督として曺さんはとにかく熱く指導してくれて、こういうひとになりたいなと、自分のなかですごく憧れがあった。子どもがJリーガーを見てかっこいいな、Jリーガーになりたいなと思うのと同じ感覚ですね。いろんな仕事、サッカー以外の仕事ももちろんあるなかで、いずれ選手生活が終わったら自分も曺さんみたいに指導者をやりたいなと思った」

とりわけ惹かれているところがある。

「サッカーの監督って、技術だったり戦術だったり、どうしてもサッカー的な部分に目が行きがちだけど、曺さんはそれだけでなく、仲間を大事にしたり、絆だったり、そういう部分も全部あるので、感動がとても大きいんです。曺さんのもとでは、1年経ったときの感動、ひととしての感動がずば抜けてる」

曺監督が指揮した2012年、山口は試合から遠ざかっていた。出場は10試合と、プロになってからそれまでの6年間で最も少なかった。当時の胸中は想像に難くない。事実、「曺さんが監督のときはいちばん苦しかった」と率直に振り返る。

だが一方で、「苦しかったたんですけど、振り返ってみたときにいちばん感動があるんですよね」楽しげに対極の記憶をひもとく。

「湘南には、曺さんのやり方には、がんばると報われる部分がある。サッカーってとかく上手い選手が試合に出られるように思うけど、でも曺さんは普段の姿勢から見てくれているし、ほんとうに必死にやっていればチャンスをもらえる。そういう部分でドラマがあり、喜びがある。……監督の想いは選手に伝わるもの。曺さんからは、こいつらを絶対上手くしてあげよう、成長させてやろうという想いが伝わってくる。監督は采配もしなければいけないし、練習も見なければいけない。いろいろやらなければいけないなかで、想いを全員に伝えることは難しいはず。曺さんのようにみんなにそう感じさせるひとはなかなかいないと思います」

指揮官から多くを吸収し、コーチとして再出発にあたり、山口は言う。

「子どもたちが社会に通用する大人に最大限成長するよう働きかけ、自分も一緒に成長していきたい。いまはその気持ちしかない」

２０１８年、曺監督は湘南の指揮者として7年目のシーズンを迎える。在籍選手は移りゆき、クラブの立ち位置も変わりつつあるなかで、しかし年月を重ねても揺るがぬ芯が指揮官の内にある。

本書では、これまでに語られた数々の言葉と出来事をひもときながら、曺監督の指導哲学にできるかぎり迫りたいと考えている。ひとりでも多くの方に届きますようにと筆を執る。

目次

chapter

1

一人ひとりの成長を思う チームマネジメント

神奈川県平塚市馬入にある練習場に指揮官の厳しい声が飛ぶ。「集中!」「徹底!」「最後まで!」体を張ること、シュートを決め切ること、一瞬一瞬に全力を傾けること――一人ひとりの責任を求め、ゴール前の攻防が繰り返される。

あるときは個人戦術やグループ戦術など基本を見つめ直し、またあるときは不甲斐ない試合内容を踏まえ、オフ明け早々ビーチトレーニングで追い込んだこともあった。

結果によらず、つねに自分たち自身に矢印を向け、タフなトレーニングを通じ、チームとして選手として大切にする根っこを磨く。彼らの成長に、流した汗は裏切らない。

2015年に浦和レッズから移籍加入した元日本代表の坪井慶介は、湘南ベルマーレで過ごした3シーズンを振り返り、心に残る出来事について思い出し笑いを浮かべながらこんなふうに語ったものだ。

「思い浮かぶのはやっぱりトレーニングですね。オフ明けにグラウンドに行くと案の定きつい。でも、みんなとここで手を抜かずにほんとに一生懸命、足と足がバチバチ当たって、ときには喧嘩しそうになるぐらいのテンションで練習した。そうやってチームがつくられていくということが、僕のなかでいちばんの思い出です。60分ぶっ通しで紅白戦をやったこともありました。最後はもうみんな疲れてきちゃってね。でも僕はそういう日常が印象に残っています。あの練習きつかったなあ、でもやりきったなって」

1 トレーニングの考え方

練習は受け手にどう伝わるかが大事

2012年より湘南ベルマーレの指揮を執る曺貴裁監督には、トレーニングの考え方として大切にしている3つの柱がある。それは以下の言葉に表される。

・練習の目的が選手に伝わっていること
・選手の動きが確保されること（DOの確保）
・練習に興味を持てること（楽しんでいるかどうか）

これら3つの柱は、曺監督が指導者を始めた頃から意識してきたものだという。いま思えば、駆け出しの頃はトレーニングのバリエーションも少なく、「選手を楽しませるという範囲が狭かった気がする」と振り返るが、しかし「自分のベースとなるのはそのときの指導。ベースはいまとなにも変わっていない」と語る。

「練習というのは自分が考案するけど、実際にやるのは他人です。だから受け手にどう伝わるかがすごく大事。そのうえで、『トレーニングの目的』『DOの確保』『そこに楽しみがあるか』は、ひとつでも欠けてはいけない。逆に、この3つをつねにハイレベルで行なっているチームは絶対強い」

もちろんグラウンドの上では体を動かすばかりではない。ときに練習を止め、気付いた点を指摘したり、ルールを確認したり、場合によっては叱ったりと、状況に応じて必要な声をかける。ただ、3つの柱はつねに意識されなければならない。

指揮官は言う。

「練習を止めてたくさん話をするのはトレーニングではなくティーチング。それ自体はあっていいことだけど、ただ、今日は10時からトレーニングだと選手に伝えていたら、その3つの柱は絶対に押さえないといけない。あらかじめティーチングと伝えているなら選手もそういう心構えで臨めるけど、トレーニングのつもりで来たのにティーチングが多かったら欲求不満になってしまう。指導者がどれだけ紙の上や盤上で考えていても、その3つを把握できなければ難しい」

大切なのはsehen（見る）ではなく、beobachten（観察する、注意を払う）

２０１４年４月、湘南ベルマーレのホームタウンで小学生を教える指導者を対象に、曺監督の講演会が行なわれた。『ありのままの指導　賛否両論の曺スタイル』と題されたその講演のなかで、指揮官は川崎フロンターレのジュニアユースの監督を務めていた当時まで記憶を辿りながら、指導における自身の考えを語った。前述の「３つの柱」もその席上で語られたものだ。

さらに指揮官は、くだんの講演会で以下のようなキーワードも挙げている。

「大切なのはsehen（見る）ではなく、beobachten（観察する、注意を払う）」

「曺さんにはすべて見透かされていた」湘南ベルマーレユースの頃から指揮官に指導を仰いでいた菊池大介（現浦和レッズ）はあるとき、当時をそう振り返った。「曺さんは透視できる」と語ったのは、同じく生え抜きの古林将太（現ベガルタ仙台）だったろうか。選手によって表現はさまざまだが、いずれにせよ、指揮官は選手がなにを考えているか、本人が話すより先に分かっていた。

その観察眼は、舌を巻くほどに鋭い。髪型や服装の変化はもとより、たとえばキャンプや遠征の際に、食事をとる席がいつもと異なる選手がいても見逃さない。２０１６年の沖縄キャンプでは、朝食の際にアンドレバイアとパウリーニョ、キリノという３人のブラジル人選手の表情が冴えないことに気付き、なにかあったのかと、その日のうちに対話の場を設けたと聞く。「自分の子どもを見ることと似ている」と語る深い洞察力は、まさしく観察や注意を払うことの賜物に違いない。逆の立場から考えれば、監督につねに見られているという意識は、選手にいい意味での緊張感や安心感をもたらし、落ち着いてプレーに集中することにも繋がろう。

一方で、選手に教えたい、上手くなってほしいという想いが強いほど、ときに指導が過剰になってしまうこともあるかもしれない。曺監督はしかし、「オーバーコーチングはスタートとして悪くない」と理解を示す。

「オーバーコーチングは観察しているからこそできること。そこから徐々に減らしていけばいい」

指揮官自身、監督となって3年目の2014年には、「ハーフタイムに言うことは1年目の3分の1。今年は試合中ほとんどなにも言ってない」と語っている。

成功したらOK、失敗したらOUT、という育て方はダメ

曺監督が湘南を指揮して2年目の2013年、J1を戦うシーズンの途中にFC東京から期限付き移籍でひとりの選手が加わった。ドリブルに長ける大竹洋平（現ファジアーノ岡山）である。

かつて関東トレセンのコーチを務めていたこともある指揮官は、大竹がFC東京の下部組織に所属していた中学1年の頃を振り返り、「めちゃくちゃ上手かった」と語る。脳裏には、大竹の当時のワンシーンがいまも残っている。

ゲーム形式のトレーニングだった。大竹がドリブルを仕掛ける。「リトルメッシ」と指揮官が評した小さなドリブラーはしかし、3人までは抜けるが4人目で引っかかってしまう。

コーチのあいだでは、一連のプレーの是非が議題にのぼったという。だが指揮官は、そこでドリブルを否定し、パスを出すように促すのは間違いだと語る。

「ドリブルをしたい子にパスしろと言ったらどう思うか。大人の力というものがあるから、ほとんどの子はコーチの言うことを聞いてパスするでしょう。それが僕は怖い。その子のよさを消してはいけない。指導者はプレーの最後の選択を決められない」

曺監督はさらに、「洋平は簡単にパスをしなかった。それがプロになれた理由」と語る。その心に、指導者として大切にする矜持が潜む。

「洋平はドリブルで行くことが喜びの選手だった。そんな選手あまりいないし、そういう選手にドリブルばかりではダメだ、シンプルにパスしろと言い過ぎると特徴が消えてしまう。最初にパスを探さないから、その分ヘッドダウンして判断できないというデメリットはあるけど、でも選手が最初にやらなければいけないのは、ボールを止めてまずパスを探すことではなく、まずは仕掛けることが順番だと僕は思う」

そのときのトレーニングでは、ポゼッションや集団でボールを奪う守備などグループ戦術が重視されていた。だが曺監督は、高いレベルで集まった子どもたちがそれぞれどんなプレーを見せてくれるか、自分が指導するグループだけルールを少し変えてみたのだという。

くだんのシーンのあと、大竹とのあいだにはこんなやり取りがあった。

「抜けると思ったのか?」「思いました」「じゃあ抜けよ」

このときのトレーニングは、大竹の記憶にも刻まれている。

「当時コーチだった曺さんの指導のもとで、自分自身すごく溌剌《はつらつ》とプレーできたことを覚えています。たしか前を向くプレーを褒めてもらい、自分のよさが分かって自信がついた。だからチームに帰ってからも調子がよかったんです」

大竹はその後FC東京でプロとなり、2013年夏、湘南に加入した。それから2016シーズンを終えるまで、足掛け4年に渡り、曺監督のもとでプレーした。

基本の型は教えてあげなければダメ。すべて自由ではいけない。答えを言わない。

かつて川崎フロンターレのジュニアユースを指導していた頃は、練習グラウンドを使える時間が限られていたため、18時から10分間ウォーミングアップ、18時10分から15分間パス&コントロール、18時25分から15分間2対2……というように、練習スケジュールを綿密に立てていたという。選手が楽しそうだから少し時間を延ばすなど、トレーニングの様子を見ながらその場で臨機応変にメニューを変えることは物理的にできなかった。

現在は、自宅から車でクラブハウスに向かう移動中にその日のトレーニングの内容を練っているという。前日までの練習を踏まえ、選手の状態を想定し、加えて次の対戦相手をイメージしながらメニューを考える。クラブハウスに着くと、コーチングスタッフとトレーニングの狙いや手段を詳細に話し合い、共有する。指揮官とのミーティングを受け、コーチ陣はグラウンドへ向かい、カラーコーンやマーカー、ゴールポストなどトレーニングに必要な用具をセットし、選手を待つ。

ただ、入念な準備を整えても、突然メニューを変更することは少なくない。クラブハウスに集まる選手たちの様子やミーティングの際の彼らの表情、実際にトレーニングを始めて気付くチームの空気など、現場で感じた肌感覚によって曺監督は練習内容を柔軟に変える。

２０１６年には急きょ全体練習を中止したこともあった。横浜Ｆ・マリノスとサガン鳥栖を降して２連勝し、第11節ＦＣ東京戦を２日後に控えた日のことだ。ゴールデンウィークの連戦のさなか、白星を並べた喜びの一方で、立て続けの熱戦は選手たちを激しく消耗させていた。次の試合に向けて必要なことは彼らに伝わっており、異例ではあるが、選手たちに休息を与えることを指揮官は決断した。

２０１４年に開催されたくだんの講演会で、指揮官はこうも語っている。

「サッカーのＡＢＣができていない選手が非常に多い。基本の型は最初に教えてあげなければダメ。すべて自由ではいけない」

指導者の道に進んでからというもの、育成からトップチームまで選手を幅広く見てきたなかで、基本ができていないという実感は強いのだろう。

一方で、「若いときには選手にすべてを教えてしまいたくなるもの」とも言う。基本の型は授けなければならないが、しかし教えすぎると個々の判断を奪いかねない。大竹の例にも通じるように、ピッチのうえでは選手自身のジャッジが求められる。

監督に就任して６年目を数えた２０１７年、指揮官はミーティングのやり方を以前とは少し変えていると語ったことがある。映像を示しながら、選手にあえて答えを言わず、文字などの情報も画面上に提示しない。ただ時折ボソッと、「これはいいプレーだ」「これはよくない」など、誰に投げかけるでもなく呟くのだという。

曰く、「映像を見ながら選手にも考えさせようと思って。聞く人に分かりやすく説明することが自分のスタイルだったけど、それが度を過ぎたり、僕がこうだと答えを言い切ったりすると、彼らは考えなくなってしまう」。

指導はときに、選手の考える力や判断を奪う。ましてや曺監督の言葉は伝導率が高い。だからこそ指揮官は、選手がいかに感じ、どのように受け止めるか、繊細に思いを巡らせる。

2 3バックの理由

選手の成長を積み上げていけるようなやり方をしたい

「湘南スタイル」といわれて久しい。攻撃から守備、守備から攻撃への切り替え鋭く、攻守ともに相手より人数をかけ、攻めては果敢に縦を突く。90分を通して走力を弛まず、高くコンパクトなラインとともにハイプレスを仕掛けていく。

2012年の就任以来、曺監督は3―4―2―1をフォーメーションの軸として採用している。それはしかし、指揮官が3バック信者だからでも、4バックを敬遠しているからでもない。

あるとき、こんなふうに語っている。

「僕が監督になって3バックをやる機会が多いのは、ここにいるメンバーの特長を活かすためであることは間違いない。両アウトサイドにはスピード感をもって走れる選手、突破力のある選手が多く、最終ラインにははね返すだけでなくビルドアップにも関われる選手が多い。ボランチには前線に飛び出せる選手、ボール奪取能力のある選手がいる。前にはクサビを受ける選手、裏へ抜け出す選手、パスを出せる選手がいて、流動的に動きやすい。そういう特長を持ったメンバーが揃った結果です」

フォーメーションありきではない。指揮官が語ったように、まずはチームに在籍する選手たちの個性が前提にある。

さらに掘り下げると、3バックを採用する理由は、指揮官が最も大切にしている選手の成長にも関係しているようだ。初めて監督に就任した2012年当時に語られた言葉が、それを裏付ける。

「攻撃的なサイドバックで、守備もできる選手が日本には少ない。自分は現実を見てこのシステム、この戦術を用いている。4バックはどちらかというとバランスを取るなど落ち着いてしまいがち。でも僕は、最初からブロックを敷いて相手に時間と自由ができてしまうように、休み休みやりたくない。選手の成長を積み上げていけるようなやり方をしたいと思っている。敵陣でボールをどれだけ動かせるかをテーマに、年間を通して取り組まなければいけない」

選手がそれぞれに携える個性を前提に、前線からプレッシャーをかけ、2列目、3列目と波のように連動し、ボールを奪いに行く。ひとたびマイボールにすれば、継ぎ目なく攻撃に転じ、FWやMFはもとより、3バックも攻撃参加をもくろむ。攻守に能動的な、いわゆる「湘南スタイル」である。付け加えるなら、DFのオーバーラップは、攻撃に厚みをもたらす一方で、マークが付いてくれば相手の攻撃力を削ぐ効果も持ち合わせている。得点の確率を高め、失点のリスクを減らすという戦術的な意味合いも大きいわけだ。

俯瞰すれば、湘南スタイルの奥に流れる指揮官の想いは、日本の未来に通じている。

「背はなくても、ハードワークを前提に機動力とアイデアで世界に対抗する。偉そうに聞こえるかもしれないけれど、僕は湘南の監督としてそういう志向でやっているところがある。日本の選手のなにが優れているかといえば、ボールと一緒に動く力と機動力じゃないですか。そこはヨーロッパに負けてないと僕は思う。それを活かすためには、局地戦では不利だからラインを高くして局地戦に持ち込まれないようにしなければいけない」

2013年の言葉が連鎖して思い出される。曺監督は当時在籍していた大竹洋平や梶川諒太（現東京ヴェルディ）ら小柄な、しかしアイデア豊かな選手を例に引き、語ったものだ。

「ボール扱いが巧くても、プロになったら結局フィジカルが弱いからダメだったと言われる。それは日本サッカー界全体の問題。技術や向上心のある選手を、偉そうに言えば、日本サッカー界全体で育てていかなければいけないと思うし、体が小さいからノーと言われたらそのスポーツをやっている子どもたちに夢も希望も与えられない。体が小さくてもやれるということをこのチームで素直に証明してもらいたいし、サッカー界だけでなく、すべてのことに風穴を開けてもらいたい」

曺監督が就任して3年目の2014年、湘南は「過去最強」を標榜し、志のとおりに開幕から勝ち進み、圧倒的な成績でJ2初優勝を遂げた。

彼らはこの年、過去2シーズンで培った自分たちのスタイルをさらに深めていた。選手がスタートポジションに捉われることなく有機的に動き、と同時に、その場所ごとに求められる仕事をそれぞれがまっとうする。いわばポジションレスのサッカーだ。

2013年に経験したJ1での戦いを通じ、指揮官は3バックの従来の考え方、つまり4バックに対して3トップ＋両アウトサイドの5人で攻めるという既成概念に限界を感じたという。

「ポジションが固定的になり過ぎるとボールが後ろに下がってしまう。選手たちの特長を踏まえ、チームの攻撃的なマインドを失わないためにも、もっと出入りのある流動性が必要だと考えた」

2014 開幕戦 先発フォーメーション

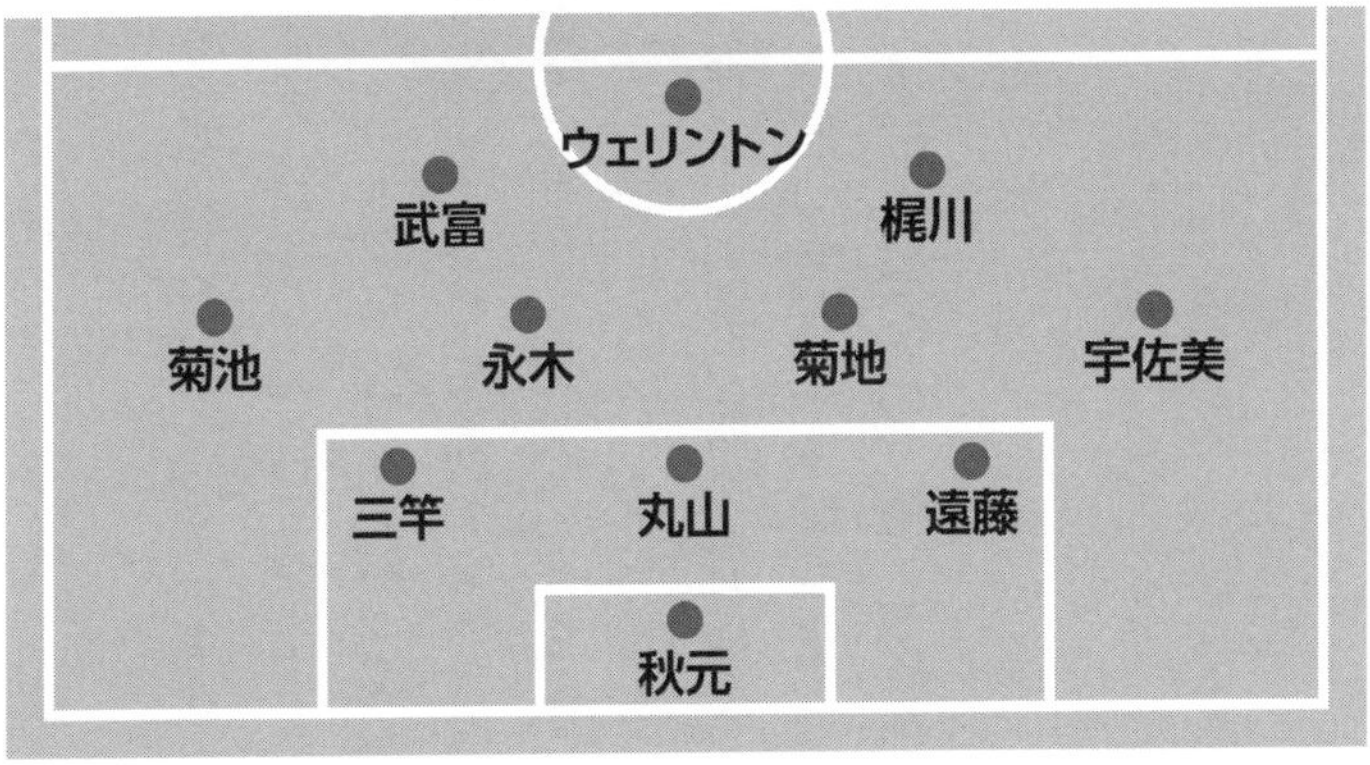

俗に「4バック殺し」と言われる3－4－2－1の数的な優位性だけでは物足りない。より効果的な攻撃を求め、彼らは常識の殻を破ったのだ。

たとえば左センターバックの三竿雄斗（現鹿島アントラーズ）が中盤を追い越しクロスを送る。かたや右の遠藤航（現浦和レッズ）は前線にクサビを打ち、そのままオーバーラップしてシュートまで持ち込む。最終ラインは3センターバックというより、1センターバックに2サイドバックの色彩が強く、左右のふたりがクロスに入って行くシーンも珍しくない。それぞれが複数のタスクをこなすことで個々のプレーの幅は広がり、ポジションに応じてどう動くべきかも整理されている。

3バックの攻撃参加に象徴されるように、選手たちはスタートの立ち位置こそあれ、ポジションに捉われずにピッチを自在に動き回った。DFが上がれば、FWが自陣ゴール前まで戻り体を張る。ボランチはボックス・トゥ・ボックスの動きを繰り返し、両アウトサイドも攻守に上下動を弛まない。彼らがピッチの上で共有するのは、「いるべき場所に誰かがいればいい」。FWの守備にも端的なこの共通認識が、チームの流動性の肝となっていた。

3 コンバートの視点

なにを求められ、なぜ出ているのか。自分のなかできちんと答えを持っている選手がピッチに立つべき

2017年、曺貴裁監督は湘南の指揮を執って6年目のシーズンを迎えていた。

「0からのスタート」をテーマに掲げた指揮官は、「なにができ、なにが苦手なのか。選手をもう一度フラットに見ようと思う」と語ったとおり、個々の特徴をあらためて引き出すべく、さまざまなチャレンジを行なった。

そのひとつがポジションのコンバートである。なかでもMF山根視来のセンターバックへの配置転換は最たる例だ。

山根は桐蔭横浜大学を卒業し、2016年に加入した。大学4年時には天皇杯2回戦で湘南と対戦し、その切れ味鋭いドリブルを発揮してゴールも挙げていた。

プロ1年目はおもにウイングバックを任された。だがリーグ戦の出場は一度も果たせなかった。

転機は2017年のスペインキャンプだった。当地で初めて行なった練習試合、韓国一部の水原三星とのトレーニングマッチで3バックの左に入ると、指揮官のアドバイスのとおりに首を左右に振り続け、キャリアでもDFとしても先輩である島村毅と岡崎亮平とともにこまめなラインコントロールを絶やさず、相手FWの脚力を削いだ。上々の「デビュー戦」だった。

当初はラインの上げ下げやマークの確認、球際に厳しく行くなど守備の対応に追われたが、試合を重ねるたび、持ち前のドリブルによる攻撃参加も増し、チームのゴールへの推進力を喚起した。

山根のコンバートについて、指揮官は意図を語る。

「どのポジションでやりたいという想いをあいつはいい意味でも悪い意味でも持っていない。ただ、もともと1対1の体の強さはあったので、ディフェンスの経験を積んでいけばいい選手になっていくと思っていた。コンバートしたその試合で、こっちのほうがいいなと思えたので、それはいい発見でした。本人ももうあとがないという気持ちでディフェンスをやっているから、その気持ちとポジションが単純にうまく合ったということだと思います」

もうひとつ、指揮官は選手の内面にも触れた。

「視来は大卒1年目にまったくリーグ戦に出られなかったけど、なぜ出られないかを彼自身がいちばん分かっていると思っていた。苦しいときに下を向いたら絶対ダメだ、ミスしたあとに下を向いていたら自分が使ってもらっている意味がない、ひたむきにできないなら俺が出ている意味はないと、あいつも思っているはず。最初は誰でもミスしたら落ち込むし、失点に絡んでパフォーマンスに影響しない選手なんていないけど、なぜ自分が試合に出ているのか、ただチャンスをもらったと思っているだけではダメだと思うんです。なにを求められ、なぜ出ているのか。自分のなかできちんと答えを持っている選手がピッチに立つべき。それは何歳でも関係ないし、そういうなかで僕はメンバーを選んでいる。大卒や高卒で入って来た選手が華々しくデビューして成長していく曲線のなかで、自分はそこに乗ってないと思っている選手がそういうところを理解できることは、成長にはすごく大事。ただシュートを決めた、ただ相手を抜いたというのは一過性のもので、自分はこういうふうにやったからこういうプレーができたんだという必然が選手のなかに生まれてくると自信に繋がるし、視来にもそれが生まれてきたなと思っていた」

指揮官の言葉に、指導者としての深い想いが響く。「視来だけではないけど」と付け加えたように、曺監督は選手それぞれのいまに想いを傾けている。

シーズン後の成長にいま必要なこと

印象に残るコンバートは過去にもあった。

たとえば2012年、就任1年目の曺監督が採用した3－4－2－1のフォーメーションのなかで、3バックはおもに、湘南ベルマーレジュニアから育った鎌田翔雅（現清水エスパルス）が右を、同じくアカデミー出身の遠藤航が中央を、そしてアルビレックス新潟から期限付き移籍で加入した大野和成が左をそれぞれ務めていた。だが試合中の負傷による遠藤の一時離脱に伴い、指揮官は大野を3枚の中央に起用する。

左利きの大野はそれまで、持ち前のスピードを活かし、右の鎌田とともに攻守に機動力を発揮していた。反面、アグレッシブな姿勢と背中合わせにファウルがかさみ、夏をまえに二度の出場停止に遭っていた。

指揮官は言う。

「和成はチームのために考えられる、想いのある選手。ただ、その気持ちが入りすぎて対相手の際にファウルになる。だから全体を見ることが必要なポジションで行く行かないの判断とか、違う世界を見せるために真ん中をやらせた。両アウト

2012 先発フォーメーション（開幕）

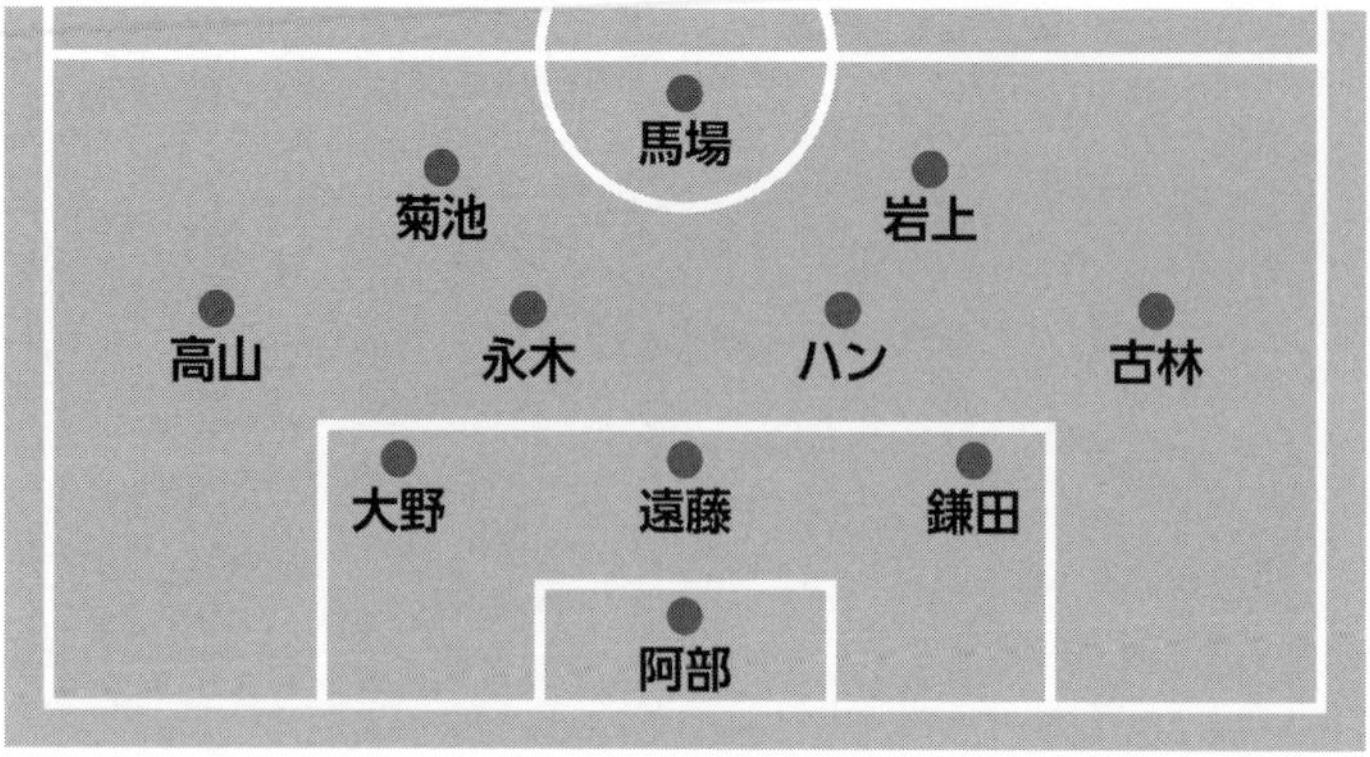

サイドを高くするうちのサッカーでは、ボランチを動かしていくことが大事だし、味方をうまく動かして守ることが和成のシーズン後の成長にいま必要なこと。その分ボールロストが増えるのは織り込み済みです。それは成長のために通らなければいけない道」

第19節モンテディオ山形戦で初めて3バックの中央を務めた大野は果たして、積極的なラインコントロールとともにコンパクトフィールドをもたらし、勝利に貢献した。

試合後、笑顔交じりに語った言葉に充実感が覗いた。

「ラインを高く保ちたかったので、ラインの上げ下げと、視野を広く保って左右のふたりをカバーする意識で臨みました。3枚のセンターは人生初。裏に蹴られてもスピードでカバーできたし、やっていて楽しかった。頭を使うことに疲れたけど、これまできついポジションをやっていたので体力的には楽だった。声を出して周りを動かしながら、個の1対1で負けないことは大前提。攻撃で上がるときはボランチの(坂

2012 先発フォーメーション(19節山形戦)

本）紘司さんと（ハン）グギョンに声をかけてカバーしてもらった。真ん中が食い付くとスペースが空くし、ラインが崩れるので、カバーの意識を強くしていた。その分ファウルもなかったと思う。心はストッパーだけど行かない、みたいな。インターセプトにも行きたいけど、ラインが崩れてしまうので、和を乱さないように大人になってそこは我慢しました」

左サイドだと首をちらっと振るぐらいだけど、今日は右にたくさん首を振って痛くなったと笑った。

さらに同年7月、開幕からボランチを務めてきたハングギョンが、ロンドン五輪に出場する韓国オリンピック代表メンバーに選出された。指揮官はこれに伴い、3バックの中央が定位置だった遠藤を最終ラインから一列上げてボランチに起用した。

このコンバートにも、曺監督の選手への想いが滲む。

「3バックの中央はカバーリングなどが多く、プレーがまとまってしまう。でも航はまだ19歳。将来を考えたときに、相手のクサビを潰すことや攻撃で迫力を出すことが必要です。チームにとっても、新たなボランチの組み合わせができればオプションが増える。だから本人とチームのために、航のボランチのトライを考えた」

遠藤自身、ボランチについてのちにこう語っている。

「運動量はきついけれど楽しい。攻撃参加が増えるし、FWに近く、縦につけやすいので自分の特徴がより出しやすい。360度見渡さなければいけないし、相手のプレッシャーもあるけど、プレッシャーが速くなるのは当たり前。より首を振ったり、ポジショニングを意識したり、工夫してやっている」

湘南はこの年、J2で2位となり、自動昇格を決めた。

J1に臨んだ翌2013年もまた、遠藤はプレーの幅を広げている。第23節柏レイソル戦の終盤に右センターバックに移ると、翌節のベガルタ仙台戦では同ポジションで先発し、大野と島村毅とともに3バックを組んだ。

島村の2ゴールもあって3－2で勝利した仙台戦後、指揮官は語った。

「大野、遠藤、シマの組み合わせがよりコンパクトになり、右からの起点もできて、遠藤のアグレッシブさや和成のスピードとカバーリングが活きるのではないか、また将来的にもあいうポジションでやらせなければいけないと僕は去年からずっと思っていた。遠藤はいま20歳ですが、成長過程の選手。いまの年齢でできているから評価されているが、25、26歳になれば若い選手が出てくる。ダイナミックさとか、いろんなものをもっと身に付けていかなければいけない。いまを大事にしろと、航には言いました」

この年J1残留は叶わず、ふたたびJ2に舞台を移した翌2014年、遠藤は開幕から3バックの右を務めた。古巣の新潟に戻った大野に代わり、中央にはFC東京から期限付き移籍で加入した丸山祐市が入った。

この配置にも、指揮官ならではの理由があったようだ。曺監督はのちに明かしている。

「航は若くして周囲からしっかりしていると言われ、そうふるまわなければいけないという想いになっていた。シーズン前にふたりで話したとき、ほんとうにしんどそうだった。でもまだ、ミスから学んでまったく許される年齢。だから新鮮な気持ちにさせたくて、あいつの世界を変えるために3バックの右をやらせた。逆に祐市は真ん中をやらせて自分のプレーがチームに影響すると分かってほしかった」

勝つためにという監督としての采は無論ある。ただ、チームの勝利を考えながら、曺監督はいつも選手一人ひとりに寄り添っている。

2013 先発フォーメーション（24節仙台戦）

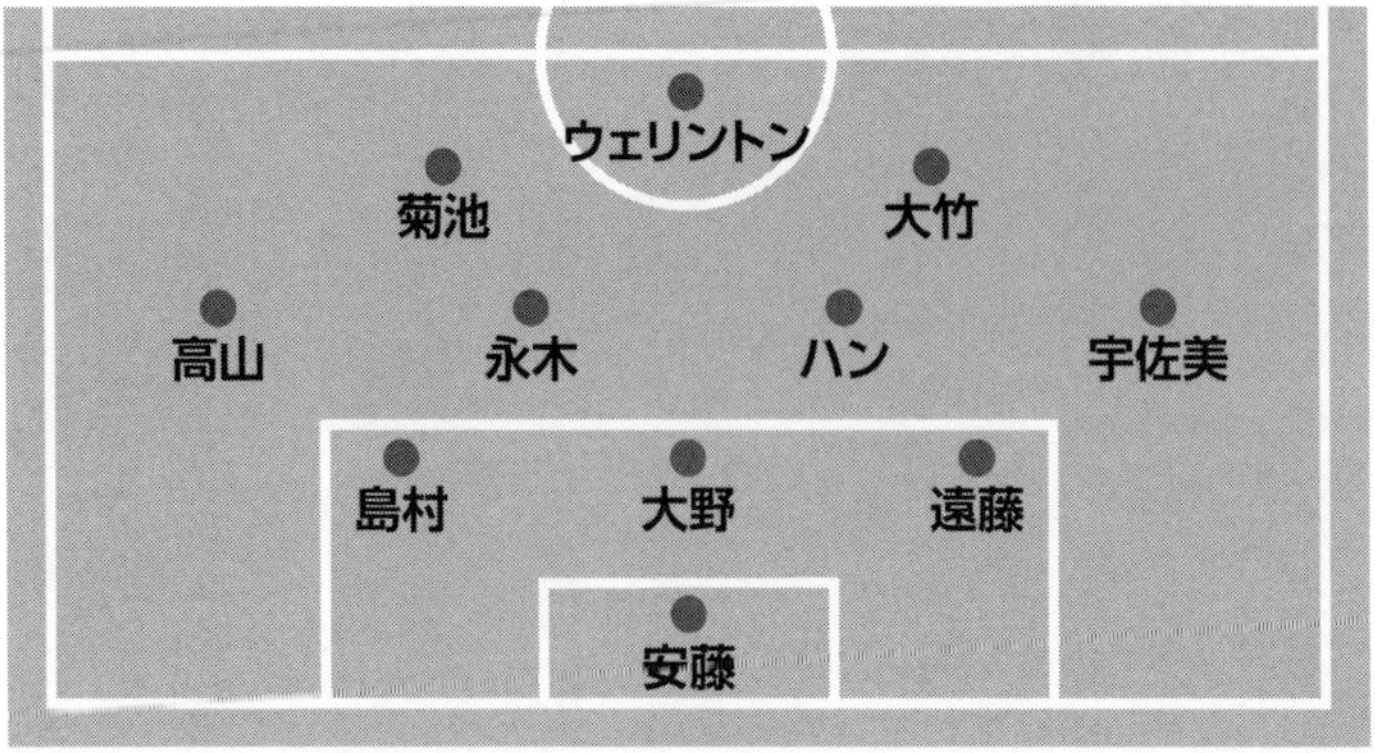

遠藤はその後、U－23日本代表のキャプテンを務め、２０１６年のリオ五輪ではおもにボランチを担った。ハリルジャパンにも選ばれ、現在所属する浦和レッズでもセンターバックやサイドバック、アンカーなど、プレーの幅を広げている。

4 メンバー選考について

選手をいちばんいい状態で出すことが大事

勝てば同じメンバーで臨み、負ければ選手を代えるといった、試合の結果に依存する采配を、曺監督は振るわない。

メンバー選考について、指揮官は監督に就任した2012年に3つのポイントを語っている。一つ目はコンディション、二つ目はコンビネーション、三つ目がゲームプランである。

コンディションはフィジカルとメンタルの両面で、選手の表情も判断材料となる。試合に出続けている選手は、ずっと出ているがゆえにフレッシュさや集中力を欠くこともあり、それが認められれば迷わず外す。ジュニアから湘南で育った古林将太はあるとき語ったものだ。「曺さんはその試合だけを見ていない。僕らの今後のサッカー人生を見てくれている」と。

コンビネーションについては、異なる個性の組み合わせによって攻撃のバリエーションを増やすべく、タイプが重ならないように選手の配置を大事にする。

三つ目のゲームプランは、言葉のとおり、相手を分析した上でどのタイプの選手が攻略に適しているか、ゲーム戦術的な視点によるものを指す。

見方を変えると、ゲームプランとコンビネーションは監督の采配に委ねられるため、選手たちがコントロールできるものではない。彼らができるのはコンディションを整えることに尽きる。逆に、コンディションが整っていなければ、コンビネーションやゲームプランの机上に載ることはない。

折に触れ、指揮官は語っている。

「やる気がないなんて選手はうちにはいない。みんな試合に出たいと思ってやっているなかで、その週にどのようなパフォーマンスを見せていたかということが、メンバーを選ぶいちばんの基準。試合に出たから頑張る、出られないからテンションが下がる、ということではシーズンを乗り切れないし、目の前の試合が大事なんだけど、一方で先に繋がっていくように選手を育てていかなければいけない。僕はゲームだけを見ているわけではなく、ウォーミングアップでどういう感じなのか、パス練習ではどうだったか、練習やその前後を含めてメンバーを選ぼうと思っているので、たとえば紅白戦で点を取ったから試合に出られるとか、点を取られたからGKが代わるというふうに選手には思ってほしくない。出続けていることで試合に対する想いが緩くなったり薄れたりしてくれれば、一度外からゲームを見たほうがその選手にもチームにとってもいいだろうし、過去の実績はまったく関係なく、いまがどうかを基準にメンバーを決めている。週の最初の日に『次はレギュラーだから今週は調整でいいよ』というやり方はしていない」

そして指揮官は言葉を重ねる。

「選手をいちばんいい状態で出すことが大事だと思っている。それが監督としての仕事。選手それぞれに特徴がある。日本は先発を尊重しすぎ。先発がすべてではない」

納得はしなくていい。でも理解しろ

同じ線上にあろう。「メンバーを選ぶ基準は?」という問いに対し、あるとき指揮官はこう答えている。

「1＋1ができた、じゃあ次は掛け算、次は割り算というふうに僕は選手を見ていない。試合に使うことで一気に上がる、あるいは悪い状態のときに使うことで一気に下がってしまうのがサッカーの恐ろしさ。だから、使ってダメだったときに乗り越えられるか乗り越えられないかも考えてメンバーを選ぶので、チームを忘れてしまったり自分のことしか考えていなかったりメンタル的な準備ができていない選手は選べない、ということは説明できるけど、一概に選びきれない。1試合1試合にドラマがあるし、その1試合1試合に懸けている選手の気持ちに応えられるだけのものを自分で持っていなければいけない。その意味では、いろんな要素があるから、どうやって選ぶかという質問に対してきちんと答えられない」

メンバーを外れた選手にはこれまで、「納得はしなくていい。でも理解しろ」と、指揮官ははっきり伝えてきた。ただ、3年ぶり2度目のJ2優勝を遂げた2017年は、アプローチにも少し変化があったようだ。

「最近は出られなかった選手に理由を説明するのが難しい」あるとき、そんなふうに語っている。

「試合に出られなかった選手に昔はよく理由を説明していたけど、今年は自分がチームのなかでどうあるべきかをよく分かっている選手が多く、メンバーから外れる明らかな理由がほとんどなかった。仲間同士お互いに言い合える人間関係がすごくあった。彼らが人間的に成長したのだと思う」

過去のシーズンがよくなかったという話ではない。そのうえで指揮官は、「チームワークの質が上がった。僕自身、教えられたところがある」と彼らを称えた。

5 出すタイミングを間違えない

若い選手は自信を持つ、あるいは自信を失う振れ幅が大きい

とあるインタビューの際、曺監督は若い選手を伸ばすうえで気を遣っている点について、「出すタイミングを間違えないこと」だと語った。

印象に残る出来事がある。2012年4月、駒沢陸上競技場で行なわれた第9節東京ヴェルディ戦のことだった。この試合、開幕から左ウイングバックで先発出場を続けていた高山薫がコンディション不良で急きょメンバーを外れることになった。高山に代わって誰が起用されるのか。予想では、それまでスーパーサブとして活躍を続けていたMF宮崎泰右（現栃木SC）が先発に抜擢されるかに思われた。だが指揮官は、3-4-2-1の3バックの左を開幕から任せていたDF大野和成を一列上げて左ウイングバックに起用し、宮崎は従来どおりベンチスタートとした。

あえて宮崎を選ばなかったこのときの采配の理由を、曺監督はのちにこう語っている。

「アウェイの難しいピッチコンディションのなか、あのタイミングで無理に起用して泰右が自信を失くしたら良くない」

間もなく誕生日を迎えるとはいえ、宮崎は当時まだ19歳である。大宮アルディージャの下部組織で育ち、U-17日本代表に選ばれるなど若くして頭角を現し、トップチームに駆け上がったが、プロとしてのキャリアはまだ始まったばかりだった。

若い選手を伸ばすうえで気を遣っている「出すタイミングを間違えないこと」について、さらに重ねられた指揮官の言葉が、2012年のくだんの采配を裏付ける。

「若い選手と経験のある選手との違いはなにかと言えば、若い選手には、ある試合が終わったあとにグッとよくなる可能性も、思い切り下がる可能性もあるということ。要は自信です。自信を持つ、あるいは自信を失う振れ幅が、経験のある選手よりも大きい。だから指導者は、それを理解したうえで若い選手を使わなければいけない」

2012 先発フォーメーション（9節東京V）

もちろん一方では、大野に対する信頼もなければ成し得なかった采配に違いない。事実、急なコンバートにも持ち前のスピードを活かして攻守に運動量を絶やさず、2－1の勝利に貢献した。

大野は試合後に明かしている。

「ウイングバックをやることは今日言われた。最初相手に裏を突かれたけど、ポジションをこなしながら要領を掴んでいった。初めて守備から入りましたが、引いて守ったらよくないと思い、シンプルに繋ぐことと走ることを心掛けた」

思えば大野はのちに3バックの中央でプレーするようになった際、この東京ヴェルディ戦をこんなふうに振り返っている。

「ウイングバックはほんとうに疲れた。でも、あのときにウイングバックは高いほうがいいと感じられたから、センターバックになってもサイドをできるだけ高くしたかった」

チャンスは与えるもの

若手の起用について、2017年にも印象的な試合がある。第7節、同じく駒沢で行なわれた東京ヴェルディ戦で、指揮官は当時10代の選手を3人スタメンで起用した。プロ2年目で19歳の神谷優太（現愛媛ＦＣ）と同1年目で18歳の杉岡大暉、そして湘南ベルマーレジュニアからの生え抜きで杉岡と同い年の石原広教である。

神谷は1年目の2016シーズンにJ1で14試合に出場し、杉岡も2017シーズンに1年目ながら開幕から先発出場を続けていた。対して石原は、ユース在籍時の2016シーズンに二種登録され、同年ルヴァンカップや天皇杯は経験していたものの、リーグ戦はまだ出場がなかった。だが主将の高山薫が第5節ジェフユナイテッド千葉戦で負傷離脱したこともあり、この東京ヴェルディ戦で左ウイングバックとして白羽の矢が立ったのだった。

「ベルマーレの監督として6年目になりますが、おそらく10代の選手を3人同時にピッチに立たせたのは今日が初めてではないかと思う。彼らはこのプレッシャーのかかる試合のなかで、ほんとうに勇敢に戦ってくれた」試合後、曺監督は彼らを称え、あわせて自身の考えに触れた。

2017 7節東京V戦 布陣

「たしかにチャンスは自分で掴まないといけないものだと思いますが、僕はチャンスは与えるものだと思っている。その与えられたチャンスで普段の生き様が見えることがその選手にとっては大事で、それがよかろうが悪かろうが責任は監督にある。だからチャンスは与えるべき時期に責任を持って与えていかないと草も伸びないし、蒔いた種が花を咲かせないままくすんでしまう。もちろん僕からの一方的なものではなく、彼らが努力し、僕もしかるべき時期にチャンスを与え、それがいい形に繋がってくれたらといつも思っている」

湘南のジュニアから育った石原について、のちに語られた指揮官の言葉があたたかい。

「広教は決して上手くないけど、湘南ベルマーレでなにをしなければいけないかを小学生のときから知っている。それは財産なんです。だから普通はああいうタイミングでいきなり出すとゲームを壊すようなことを絶対するものなんだけど、あいつは変なことをしない」

この試合では、後半途中、神谷に代わり齊藤未月がピッチに送り出された。齊藤もまた石原とともにジュニアからトップチームまで駆け上がった10代のひとりである。若き彼らの躍動とともに、湘南は3－2で勝利した。

心を砕いているのは、もちろん若手に対してばかりではない。

2014年、右ウイングバックとして活躍が期待された生え抜きの古林将太が右膝前十字靱帯断裂の大怪我を負い、開幕直前に離脱した。急きょアルビレックス新潟から期限付き移籍で加入したのが藤田征也だった。

藤田の起用について、指揮官はのちに語っている。

「征也は来て間もなかったので、勝点3の責任だけを負わせるような起用の仕方はよくないと思っていたし、新加入の選手がどんどん自信を持っていけるような出し方をしなければいけないと思っていた。もちろん練習でよかった選手を使うという原則や単純にゲーム戦術もあるけど、あいつはたぶん新潟ですこし自信を失ってしまったところがあったので、それを早く回復させてあげたいなと思い、使い方はちょっと考えなければいけないと思った」

指揮官の指導に年齢の別はない。たとえばそんなふうに、曺監督の視線は選手一人ひとりに等しく注がれている。

6 誰を褒め、誰を叱るか

周りの選手に伝える意図もある

「トレーニングの考え方」でも記した2014年4月の講演会で、曺監督はゲームで実際に起きた事象を取り上げ、チームの誰を褒め、誰を叱るかに言及した。

たとえば、ボールを奪いに行った選手がミスを犯し、失点したとする。そのとき、ミスした本人を徹底的に糾弾するのか、あるいは周りの選手を叱るのか。ケースバイケースだが、前者の場合、本人を厳しく糾弾することで、選手たちの目を監督に向けさせ、周囲がミスした選手を慰めるといった構図が期待される。

指揮官はさらに、試合の映像を交えて語った。

ひとつは2014シーズン開幕戦、モンテディオ山形をホームに迎えたこの試合で湘南は、20分にウェリントン（現ヴィッセル神戸）がゴールを決め、その1点を守り抜き1－0で勝利した。

曺監督が取り上げたのは、この先制点の直後の光景だった。シーズン初ゴールを挙げたウェリントンを中心にチーム全員が盛り上がるなか、歓喜の輪に加わらずに、ひとりセンターサークルのなかに立つ選手がいた。遠藤航である。相手のキックオフを遅らせるためにピッチに残っていたのだ。

これについて、指揮官は遠藤を褒めたことはないという。ただ、こんなふうに語った。

「これがセンス。指導者が教えられないことです」

あわせて指揮官は、同年の第7節ジェフユナイテッド千葉戦も取り上げた。6－0と大勝したこの試合は11分、ウェリントンの先制ゴールでスコアが動く。このとき、チームとして前に人数をかける後方で、遠藤と丸山祐市の両センターバックが、攻め残っている相手FWのマークにしっかりと付いていた。

曺監督は言った。

「前年のJ1の経験を踏まえ、たとえばマルキーニョスにやられたように、J1であれば攻撃しているときにカウンターでやられると身をもって知ったから、チームが攻めているときも彼らは相手FWに付いていた。ここが今季よくなったところ。ここを僕は褒める」

ときはさかのぼること2012年、第4節FC岐阜戦のことだ。ハーフタイムのロッカールームで、曺監督は、開幕からボランチに並び立っていた永木亮太（現鹿島アントラーズ）とハンギョン

（現江原FC（Kリーグ）に対し、強く言ったという。

指揮官はのちに理由を語った。

「エゴイストのプレーが見られた。ふたりでリズムをつくるのはいいが、たとえばふたりのパス交換が多く、悪い言い方をすると遊んでいるように見えた。行けるからプレスに行くというように、プレーに判断がなかった」

そして、「周りの選手に伝える意図もある」と付け加えた。

曺監督が指揮を執って1年目のシーズン、メンバーも一新されたなかで、永木とハンは背番号6と7をそれぞれ纏い、ボランチというポジションとシンクロして、チームの中心のように映った。周りがつくりあげるそんな空気を、指揮官はよしとしなかったのだろう。彼らはチームの一員であり仲間であって、特別ではない。

そのうえで指揮官は、彼らを叱咤した理由をこう続けた。

「亮太もグギョンもプレーの連続性は去年より上がったと思う。開幕からここまでも悪くないし、岐阜戦だけで見たらいい

と思うが、J2でいいプレーをすることが目標ではない。J1やヨーロッパを目指し、意識を高く持ってほしい」

書監督はどんなときも選手の目を見てコミュニケーションを図る。ときには、「今日はおまえのせいで負けた」と、皆の前ではっきりと伝えることもある。相手を信頼し、届くと信じているからこそできることに違いない。

7 いい選手の条件

選手としてはすべての要素を持ってるほうがいいに決まっている

クラブとして初のＪ１残留を果たした２０１５年、遠藤航が日本代表に初選出された。ユースの頃から指導している曺監督はあるとき、遠藤がプロになって成長した部分について、こんなふうに語った。

「もともと頭のよさなどを備えていたけど、体重は当時と比べて10キロから15キロぐらい増え、体も強くなった。1年目から厳しい試合で揉まれるなかで、状況判断やビルドアップについても年々レベルが上がってきている。世界に出て行くためには、1対1の対応力やボールを奪うプレーを増やすなどまだまだやらなければいけない。小さい枠に捉われずにやってもらいたいなと思う」

指揮官の言及は個人にとどまらない。遠藤自身の努力と研鑽を踏まえたうえで、チームメイトとともに歩んだ道のりにも触れる。

「選手であれば代表を目指すのは僕が常日頃求めていることで、それがひとつの形になって航が評価されたのは全員の力。同僚が代表に選ばれたとしたら、本人だけでなく選手全員の励みにしてもらいたいと思うし、それをチームの力にしてやっていかなければいけない」

そして指揮官は、選手として志すべきを折に触れ語っている。

「どの監督が来ても必要とされることがいい選手の条件。走れないより走れるほうがいいし、シュートやパスは下手よりも上手いほうがいいし、1対1は弱いより強いほうがいい。選手にはどこか足りないところがあるもので、そこがウィークポイントとなって試合に出られないこともあると思うけど、一方で、切り替えが早い、縦にボールを入れられる、1対1で勝てる、苦しいときにも頑張れる、というのはどの監督が来ても必要な要素。選手としてはすべての要素を持ってるほうがいいに決まっているので、持ってない選手は持てるように努力しなければいけない」

チームのために自分を出すことをどれだけ覚えるか

曺監督が前述のように語る背景には、現代サッカーの潮流もある。

「サッカーはいまや新しい戦術や新しいやり方が出てくる時代ではなく、本質的なものを全部押さえたうえで、細かい部分で結果に差がつく。4-4-2と3-5-2の組み合わせでどちらのシステムがいいか悪いかなんて時代はもう終わった。そういうなかで、これから先、フットボールにおいてやらなければいけないことがひとつでも明らかに欠けている選手は、たぶん代表や上のステージには残れない。だからうちの選手たちには、足りないところはあってもいいけどそれに向き合って普通にし、スーパーなところはさらにスーパーに磨いてほしいと思う」

これに付随して、選手によく話すことがあるという。

「評価というものは自分でどうにかできるものではない。ハリルさん（ヴァイッド・ハリルホジッチ日本代表監督）にお歳暮を贈っても評価が上がるわけじゃない。自分のできること、自分のプレーを100%磨くしか評価は変わらないし、逆に磨いたところで評価が変わらないことも多い。でも、評価を得るためにではなく、自分自身が持っているものを磨く努力を100%したのであれば、そのひとに対して周りから評価がつく可能性は当然ながら高い。いまの代表選手を見ていても、たとえば長谷部誠（アイントラハト・フランクフルト（ブンデスリーガ））や岡崎慎司（レスター・シティFC（プレミアリーグ））など、彼らはひとの評価に右往左往しないで、自分の力を高めるためになにをしなければいけないかをつねに考えられる選手だと思う。そういうところを我々の選手にも学んでほしいなと思います」

選手に傾ける指導者としての想いが言葉の端々に滲む。

「チームのために自分を出すことをどれだけ覚えるかが、若い選手が成長するいちばんのきっかけであり、すごく大事なこと。技術や戦術眼や、それだけでは括れない成長するポイントや空気がある。一方で、そういうのを知り得ないまま引退する選手もたぶんたくさんいる。いいものを持っていたけど、そのポイントに巡り合わない。指導者をやっていて、それはすごくもったいないと思うし、少なくともここにいる選手にはそういう経験をさせてやりたい。自分のプレーはこうだからこれしかやらないとか、自分はこういうタイプだからこういうプレーは避けるとか、それではいけないということを分からせてあげたい。それがイコール人間的な成長といえると思う」

あわせて指揮官は、トレーニングも練習試合も公式戦も、つねに同じテンションで取り組むのがいい選手の基準だと語っている。

8 現代サッカーの趨勢

やらされるサッカーには限界がある

湘南は2014年、Jリーグ記録となる開幕14連勝や史上最速のJ1昇格、クラブ初のJ2優勝など、数々のレコードとともにリーグを席巻した。

あらためてひもとくと、指揮官はこの年、現代サッカーの趨勢を踏まえ、選手に求めるものを繰り返し口にしている。

「戦術やシステムなどいろいろあるが、1対1の競り合いや球際など、選手がその並びのなかで個々にパワフルにまさることができると感じた瞬間に相手を上回れるし、外から気をつけろというのは簡単なんだけど、それよりも今日のゲームはこうやっていこうと選手が実感しないと、絵に描いた餅で終わってしまう。やらされるサッカーには限界がある。選手自身がピッチで自分たちがやれるサッカーをしていかなければいけない。その意味で自分たちのストロングを高めていく試合をたくさんしたいなと思っている」

「モドリッチはすごいなと思った。レアル・マドリードはボランチに守備的な選手を2枚置いてない。その選手が守備もしっかりやって攻撃のカウンターに繋げているところがすごい」

「うまくなりたい、J1でプレーしたい、日本代表になりたい、といった選手たちの内的モチベーションが大事。選手やクラブが成長するためには、周りが促すのではなく自ら欲することが大事」

「ブラジルワールドカップでは、当たり前にやらなければいけないことを質高くやっているチームが勝っている。いまや戦術は出尽くし、選手のよさをどれだけ出せるかに懸かっている。育っていく環境、なにをすべきかが問われている。ロシアではなくその先、いまの小中学生の未来を考えなければいけない。ドイツ代表はフィジカルパワー、サッカーの質、選手の自立感、したたかさもあり、どの相手に対しても崩れない。ブンデスリーガの試合の質とドイツ代表はシンクロしている。Jリーグも意識しないと」

「技量が足りないから走りなさい、というのは違和感がある。サッカー選手である限り、技術や戦術理解度、フィジカル、メンタルも含めて、すべてを伸ばさなければいけない」

「湘南スタイルに満足するなとずっと言ってきた。ポゼッションもカウンターも前から行くこともゴールを守ることも、勝つ確率を上げるためには全部できないといけない。相手陣内で攻撃できれば失点のリスクは減るし、相手が持ったときにソリッドにできれば失点も減る」

「上手い選手が走れるのがいちばんいい。ボランチのひとりがさばき屋で、もうひとりは潰し屋という時代ではない」

下手ではないと言われることはすごく大事

2017年のシーズン中には、こんな言い回しもあった。

「上手くないけど下手ではない。サッカー選手はそれが大事。だから自分のことをすべて放棄してはいけない。上手くなる必要はない。でも下手ではないと言われることはすごく大事。選手が自分では下手だと思っていても、決して下手じゃないと監督が思うなら、選手にそういう言い方をしてあげたほうがいい。人間は社会のなかでどこか周りを気にして自分の行動を制限してしまうところがある。だから、つくられた自分の姿がほんとうにそうなのかが分からない」

思い出されるのが2016年、浦和レッズから期限付き移籍で加入した岡本拓也の述懐である。湘南で過ごした1年目を振り返り、指揮官に言われて印象に残っている言葉があると語った。

「おまえ自分のことを下手だと思ってるだろ、みたいに言われたのを覚えています。実際、僕は人生で自分のことを上手いと思ったこともないですし、ここはひとに任せようと思う場面も多かった。でも曺さんには、できるよ、だから積極的にドリブルで運びなさい、前にボールを当てなさい、と言われました。苦手なこともやっていけばできるようになってくるし、やらないとダメだなと思いました」

たとえば、同年のJ1第1ステージ第2節川崎フロンターレ戦のゴールが印象深い。相手のセットプレーを守った直後、岡本は自陣ゴール前から長い距離を猛然と駆け上がり、もうひとりのDF三竿雄斗のラストパスを得点に結んだ。

「攻撃のときにドリブルで運べるようになってきたし、前に係われるようにもなってきた。守備ではファウルをせずにしっかりボールを奪えるようになってきた。細かいところも含め、全体的にいろんなことが実感できた」

そう1年を振り返った岡本は、チームの降格の責任を自覚しながら、自身については「プロになってからいちばん成長したと思えるシーズンだった」と充実を口にした。

相手が陸から来ているのに空ばかり見ていたらやられてしまう

曺監督の指揮のもとでは2012年、2014年に続き3度目となるJ2の舞台に臨んだ2017年、主将の高山薫や副将の菊地俊介らの怪我による長期離脱をはじめ、湘南に対する相手の高い温度など、チームには開幕当初からさまざまな苦境が立ちはだかった。

厳しい戦いのなかで最終的に優勝という最上の結果を手にした彼らの戦いは、勢いよくピッチを駆け抜けた12年とも、相手を圧倒し続けた14年とも異なっていた。データに目を遣っても、失点こそリーグ最少タイであるものの、そのほかに突出した数字は見当たらなかった。その意味では、世間で語られるような、見た目に分かりやすい湘南スタイルではなかったかもしれない。

だが、あるとき語られた指揮官の言葉がチームの成長と重なり合う。

「相手コートで奪うことも自陣で跳ね返すことも全部攻撃だと僕は考えている。守備をして終わりではなく、守備がすべて攻撃のスイッチになり、ゴールを守るためではなく次に繋がっている。

逆にいまはディフェンスしなければ勝てない。勝つためには全部ないといけない。そのなかで我々のスタイルが存在していることが大事。湘南はカウンターが速い、でも相手のカウンターを受けたら帰れないとか自陣でしっかり守備ができないとかになってしまうと、それはサッカーというスポーツの一部分だけをやっているに過ぎない。海外を見ても、たとえバイエルンやレアルマドリードやバルセロナといった強豪を相手にしても、ラインを深く引いてクリアに逃げるようなチームは明らかに少なくなった。なぜなら、ひとつはそういう戦い方をしていたら先がないということと、そういう戦い方では基本的には勝てないという答え。だから相手の対策をして自分たちのやり方を変えるのは、もしその試合に勝ったとしても、残りのシーズン、僕からしたら非常にリスクがある。だからそこは監督やクラブがしっかりしていなければいけない」

そして曺監督は、自身の内なる変化を率直に口にした。

「パスがいいリズムで繋がることが勝つこととイコールではない。一方で、ボールをすごく失くしてミスばかりしても負けることとイコールではない。いずれも勝ち負けのひとつの要素ではあるけど、いい形でボールを回したほうが得点を取る可能性は高くなるし、ゴール前でいい加減なプレーをしたら失点する。だから練習し、その積み重ねが勝ち負けに繋がっている。うちが前からプレッシャーに行くことが分かったら相手は蹴る。蹴られたらプレッシャーに行く時間がないから裏返される。このとき、それでも我々は蹴られることを怖がらずにスタイルを出してまた行きます、というのは、合っているけど、でも相手が陸から来ているのに空ばかり見ていたらやられてしまう。ということが、2017年を戦っていくなかで分かってきた。直接視野と間接視野というか、いろんな視野を広く持つことはチームにとっても個人にとってもすごく大事だと思った。選手もただ勝てばいいなんて思ってないし、かといって内容はよかったから負けていいなんてもっと思ってない。僕が働きかけるより、選手自身が勝つ集団としての考え方をシーズン当初より持てるようになってきた」

9 成長とは

選手は失敗することで覚えている

ＦＩＦＡワールドカップ・ブラジル大会が開催された２０１４年、指揮官はこんな言葉も残している。

「いまは組織力も個の力も当たり前に求められる。優勝したドイツはすべての要素で上回ったと思う。走ることが受動的であってはいけない。選手は失敗することで覚えている。いつ言うか、どのタイミングか、その方法論、アプローチを失敗したらチームはよくならない。選手が次のステージに行くためにはどうすべきかを考え、彼らの成長に僕は人間として寄り添っているだけ」

いくつか思い出される光景がある。

あれは２０１３年、Ｊ１第27節ホーム浦和レッズ戦だった。前半コーナーキックから相手に先制を許したが、湘南も前線に始まる守備から次第にリズムを掴み、流れを手繰り寄せていった。中盤で奪い攻撃へと転じ、遠藤航が右からクロスを送れば、左サイドでは高山薫が仕掛け、あるいはゴール前に詰め寄る。ウェリントンの鋭いプレッシャーを機に武富孝介（現浦和レッズ）がカットし、ショートカウンターに転じる場面もあった。奪いどころは高い。

ハーフタイムを挟み、彼らの推進力はさらに加速した。湘南の得点機は、そうした流れの先に訪れた。まずは1点ビハインドの75分、セットプレーの流れから得たPKをウェリントンが沈め、同点に追いつくと、81分にはクリアボールを拾った遠藤がそのままゴール前に駆け上がり、途中出場の古林将太のクロスにヘッドを合わせた。後半残り15分に入ってから記したこの逆転劇は、敵陣で長くを過ごしたことを含めて、標榜する湘南らしさの体現といえた。

だが試合終了も迫る89分、大竹洋平がラフプレーでこの日2枚目のイエローカードを提示され、湘南は10人となり、その後息を吹き返した浦和が試合終了間際に追いつく。

ゲームの流れと結果を思えば、大竹の退場は勝負に少なからず影響したと捉えられるだろう。「プレーだけを見たら余計なファウルだったと思う」指揮官も認めつつ、しかし中学の頃から知るがゆえの目線でこんなふうに続けた。

「自分のメンタルをコントロールできずに相手の選手とやり合ったと思うんですけど……だけど、僕はあんなあいつを見たことがない。たしかに悪いプレーかもしれないです。チームにとってマイナスだったかもしれない。それは本人にも話します。でも絶対に負けたくないんだという想いは伝わってきた。これでまたあいつは成長すると思う」

あの日ピッチには、その大竹をはじめ、選手たちの強い気持ちが満ちていた。ともすれば結果に埋もれてしまうかもしれない彼らの勝負への一途な想いを、指揮官は掬ったのだ。

選手の成長に人間として寄り添っているだけ

ときは過ぎ2016年1月、湘南は前年に次ぐJ1での新シーズンに向け、沖縄でキャンプを張っていた。

3日目、当地で初めて大学生と練習試合を行なったあと、ロッカールームに指揮官の厳しい声が響いた。高卒ルーキーの神谷優太と、ユース所属で2種登録の齊藤未月に対してのものだった。

「なめてんのか！　俺は18才で勘違いして誰にもなにも言われずに消えていった選手を何人も見てきている。おまえらにはそうなってほしくないんだ！」

ふたりは目を赤く腫らしてピッチに戻った。曺監督直々の厳しいスペシャルトレーニングは、それから日が暮れるまで行なわれた。

開幕から約3週間、神谷は第4節浦和レッズ戦に途中出場し、公式戦デビューを飾った。0－2と試合には敗れたが、ルーキーは限られた時間、限られたスペースのなかで、ゴール目がけて深く右足を振り抜くなど、「思い切ってやれ」と送り出した指揮官の想いに応えた。

それからちょうど1カ月後の4月20日、今度は齊藤がジュビロ磐田とのJリーグヤマザキナビスコカップ（JリーグYBCルヴァンカップ）のスタメンに名を連ねた。ジュニアから育った生え抜きは、持ち前のボール奪取はもとより、ボランチの位置から積極的に前を追い越し攻撃に迫力を加え、仲間のクロスに走り込んでヘディングシュートを放ちもした。プロ契約を結ぶ、ほんの1カ月前のことだ。

齊藤がプロ契約を結んで間もない5月の第14節、湘南はBMWスタジアム平塚に名古屋グランパスを迎えていた。ここまでホーム未勝利、なんとしても勝点3が欲しい一戦で、選手たちは立ち上がりから前に前に推進力を傾けた。

優勢がゴールに結ばれるのは41分のことだ。ゴール前で跳ね返したところからカウンターに転じ、菊池大介が、三竿雄斗が、左サイドを駆け上がる。いったんスローダウンし、石川俊輝を経て、ドリブルで運んだ島村毅は相手が寄せてこないと見るや右足を一閃、強烈なブレ球は相手GKにキャッチすることを許さず、こぼれ球に端戸仁が誰より早く反応した。

だが後半に入って間もなく、リーグ戦初先発の神谷優太が自陣で背後からボールを奪われ、同点に追いつかれてしまう。

試合後、指揮官は語っている。

「リーグ戦のあの緊張感あるなかで彼を出すことに迷いはまったくなかった。それだけ練習のなかで堂々としたものを見せている。挫折やうまくいかなかったことをきちんと受け入れて次に進める選手なので、若いので勘違いしないようにさせますが、非常にたくましい選手が湘南に入ってきたという印象はある。ただ、やってはいけないミスや、後半足が止まったときに精度が乱れるなどの課題はまだあります。若い選手は、チャンスを与え、失敗から学ばせて、また次に成長するという速度が当たり前ですけど速い。そういうつもりで試合に勝つためにピッチに立たせましたけど、今日の出来事は彼にとって何物にも代えがたい経験だと思う」

同点に追いつかれた直後だった。落ち込む19歳に先輩たちはこぞって駆け寄り、その背を押した。そうしてふたたび流れを手繰り寄せ、代わって入った下田北斗（現川崎フロンターレ）のクロスに菊池がゴールで応えた。「あいつがミスした瞬間、自分たちが取り返してやらなければと強く思った」そう殊勲の菊池が語ったように、彼らはチームでホーム初勝利を掴んだのだった。

10 責任感について

責任感に支配されすぎるな

選手一人ひとりがチームを忘れず、勝利に対する責任を個々に自覚する。だが、強い責任感はときに選手を苦しめる。

曺監督は、彼らが人知れず抱える苦しみを鋭敏にキャッチする。たとえば主将の永木亮太が、ひとつのミスを3倍にも4倍にも感じていると気付けば、「責任感に支配されすぎるな。もっと楽しめ」と声をかけた。あるいは遠藤航が副将を務めていた頃、チームの失点をすべて自分のせいと捉えていると見抜けば、「おまえは責任感が強すぎる。責任を感じすぎるな」と諭した。「お見通しですね」と、遠藤は笑ったものだ。

個々が責任感を育み、紡いだチームワークは貴い。

J2を制した2017年が記憶に新しい。シーズン序盤に主将の高山薫や副将の菊地俊介が怪我で長期離脱するなど、さまざまな苦境が立ちはだかるなかで、選手たちは自身に矢印を向け、チームの勝利に対する自覚をそれぞれにたくましくした。

「お互いに言い合えるような人間関係がすごくあったと思う。チームワークが成長した。だからほんとうに全員でやってきたとあらためて感じた1年だった」シーズンを振り返り、指揮官はそう目を細めた。

選手に気持ちよくやらせてはいけない

選手の責任感について、指揮官は折に触れ語っている。

2013年、第12節アウェイ大宮アルディージャ戦、湘南は先制を許すもコーナーキックから大野和成がゴールを挙げてすかさず追いつき、先の読めない戦いに持ち込んだ。自分たちにも相手にも決定機はあり、終盤ホームチームにゴールを奪われ1－2で敗れたが、味方のみならず大宮のファン・サポーターからも贈られた拍手は、死力を尽くした選手たちにとって、またプロスポーツとしてのサッカーの意味を希求するクラブにとって、意義深い賛辞と言えた。敗れこそすれ、ゲームの内容にたしかな成長が映えていた。

これだけ選手を走らせることができるのは、いったいどのような指導を行なっているのか。試合後の会見の席で投げかけられた問いに対し、指揮官はこんなふうに答えた。

「僕は指導者という立場だからピッチには立てない。選手はピッチに立ってプレーする。どちらを優先して考えるかというと、コーチではなくいちばんは選手です。『選手に気持ちよくやらせる』とよく言われますが、選手に気持ちよくやらせてはいけない。なぜなら勝点3を追うためにチームを忘れないで責任を持ってプレーすることに喜びを感じない限り、プロサッカー選手として絶対に成功はしないから。ドリブルをする、フェイントすることにただただ喜びを感じているようでは、その域から出られない。雨が降ろうが槍が降ろうが雷が鳴ろうが、そのことはずっと選手たちに言ってきた。僕は思ったことを包み隠さず言うので、だから選手にきついことも言うし、逆に負けても、今日みたいな日はよくやったという話をする。その僕の言葉がすべて。選手はプロになったとき、上に行きたい、勝ちたいという意欲が当然あって、でもなんらかの原因で意欲が削がれると、戦術的になにかをやってもうまくいかない。いい意味で勝手にやらせているというか、選手の判断を奪うことは絶対にしないと決めて指導している。いまの質問に答えるとしたら、やるのは選手だということです。僕がああだこうだ言うのではなく、やるのは選手だという基準が自分のなかにある」

責任は皆等しい

２０１６年、前年に次ぐＪ１でのシーズンが折り返して間もない頃だった。湘南は第2ステージ第1節、横浜Ｆ・マリノスに敗れ、続いてアルビレックス新潟には勝利するも、サガン鳥栖とヴィッセル神戸に連敗していた。

指揮官は敗れた2試合を冷静に振り返った。

「総合的にはいい試合ができたと思う。ただ、最後のところで決める力や守る力が相手よりも少し足りなかったという現実のなかで、選手に言ったのは、失点に係わったひとの責任がとかく重く見られがちだけど、パスミスもシュートミスもクロスが相手に行ってしまうことも等しく責任として思わなければダメだと。０－１、０－２で負けたら同じではないかと見るひとに言われたらそこまでだけど、でもこのチームの監督として選手をよくしていくことが僕の仕事。ただハイライト映像のように、たとえば失点したらＧＫが悪いという話ではなく、そこに至るまでのシーンでパスを通して決めていればゲームは終わっていたと感じていかなければいけない。一人ひとりが勝負の責任をプレーで負っていくというか、失点したことと負けたこと、チャンスをつくって得点を決められなかったことは同じぐらいチームに影響を与えると感じなければいけない」

選手たちに当事者意識があるのは大事なこと

同じく2016年、10連敗を喫し、シーズンも終盤を迎えた頃だった。責任とプレッシャーについて、曺監督は語った。

「敗戦の責任を監督やクラブなど他者に求めているとプレッシャーなんてかからない。うちの選手たちは純粋で真面目だからそれを受けてしまう。でも受けてしまうことは僕からすれば悪いことではない。チームを勝たせるために自己責任をいつも問いかけているのは人間として正しい姿だと思うし、彼らがそれを感じていることは認めてあげたい。選手たちに当事者意識があるのは大事なこと。彼らの本質的なものは間違っていない。当事者意識を持ってくれている選手たちだからこそ、僕もその刺激をもらいながら毎日前向きに生きていけると思っている」

負けが込めば雰囲気が悪くなり、チームがバラバラになってしまっても不思議はない。だが苦しかったこのシーズンも、週末に向けて日々トレーニングに向き合うチームの一体感は色褪せなかった。

指揮官は言った。

「もしかしたら試合に係わる18人だけ練習したら勝つかもしれない。それは企業も同じかもしれない。でも僕はその方法論がいいとは思わない。それだけは選手たちに対する礼儀として貫いていかなければいけないと思っている。普通これだけ負け方が酷かったら、あれがダメこれがダメとなるけど、今年の選手は、いろいろあったと思うけどみんなピッチに持ち込まなかった。それには感謝しなければいけない」

曺監督は、若い選手の内面を見抜くために、トレーニングや試合などさまざまな場面で彼らと心をぶつけあう。そして試合から消えていくのは多くが責任転嫁する選手だという。ピッチコンディションや天候、チームメイトやレフェリーなどに責任を委ねるわけだ。

だから指揮官は選手に働きかける。

「性格は変えられない。でも考え方は変えられる」

11 全員が戦力

全員でやったから勝てた

2015年5月のある日、曺監督の囲み取材では、バイエルンミュンヘンが3連覇を果したブンデスリーガが話題にのぼっていた。それはこんなくだりだった。

「バイエルンやドルトムントなど、彼らは年間を通して24人が先発し、残留を争っている6チームも22~25人が先発している。我々はナビスコカップを合わせて30人中26人がすでに先発に立っている。つまり登録選手のほぼ9割の選手がピッチで勝ち負けの責任を負っているということ。ブンデスもそうであるように、全員でやっていかないといけない」

全員で戦う意味は、チームを担う一人ひとりに掘り下げられていく。

「30人が先発のピッチに立てるかといったらプロの世界はそんなに甘くない。でも逆に、15人しか立てないわけでもない。だから選手はまず24、25人に入る競争をしなければいけなくて、加えてメンバーに入ったら、ほんとうに勝つためにプレーする選手がピッチに立つことになる。1試合しかピッチに立てなかった選手はその競争に勝てなかったとも言えるし、逆に全員でやったから勝てたという言い方もできる。だから選手はつねにいい準備をして、チャンスをもらったら、その1試合を2試合に、2試合を3試合にする努力をし続けることがすごく大事。我々指導者も選手がそうするようにもっていかなければいけない」

ただし、曺監督のなかで、先発、ベンチスタート、バックアップの別は優劣を意味しない。指揮官のメンバー選考は、目の前の一戦をいかに戦うか、戦略のデザインはもとより、選手一人ひとりの内面を含めた状態にも寄り添う。その選手にとって、いまこのタイミングで必要なこと、最も大切にすべきはなにか、広くはそれぞれの人生に想いを遣ったうえでの判断も間違いなくある。

試合を翌日に控え、メンバーを発表すると、指揮官はメンバー外の選手も一人ひとり名前を呼び、練習メニューを言い渡す。思えば反町康治前監督もそうだったが、指揮官の口から「レギュラー」「主力」あるいは「残りのメンバー」「居残り組」といった表現は聞かれない。

「誰々が怪我したから、誰々がいないから、という使い方をしたら、出場数は増えたとしてもチームのためには絶対ならないし、そもそもそういうふうに思ってない」そう語る曺監督のもと、選手たちはそれぞれ自覚を培い、この年チームは年間総合8位でフィニッシュした。ひもとけば、延べ34人が登録され、天皇杯を含め、30人が先発を経験した。

思えば曺監督は、就任1年目の2012シーズン当初から「全員が戦力」と幾度も繰り返していた。それが建て前ではないことは、GKを含めてほぼ全員が試合に出場した事実にも明らかだ。

試合を翌日に控えたある日の全体練習後、ピッチに残ってトレーニングを続けるバックアップメンバーの姿に、指揮官は目を細めた。

「試合に出られなくて悔しいと思う。その気持ちを押し殺して取り組んでくれている彼らは素晴らしい。伝わってくるものがある。チームとはそういうもの。メンバーに入れなかった選手がああやって前向きに練習する姿勢が今季積み上げてきたことだし、これからも大事にしていく」

「全員が戦力」と言い続けた言葉は、決してうわべではなく、また競争意欲の喚起だけにとどまるものでもない。人数分の個性をいかに活かし、いかに伸ばして、チームの武器に落とし込むかを考えているからだ。

もちろん試合に対する渇望は誰にも等しく、出られなければ悔しい。しかし、たとえばGK金永基（引退）は語っている。

「一人でも欠けたらダメなんだと、曺さんはシーズン終盤になっても言い続けてくれている。だからこそチームの一体感は生まれていると思うし、『曺さんのために』という想いは強い。このチームでJ1に上がりたい」

金然り、それぞれに苦しい時期を経験しながら、彼らは果たして、最終戦の勝利をもって2位となり、自動昇格の切符を手にした。

圧巻の成績でJ2優勝を果たした2014年11月、ホーム最終戦を終えたピッチの上でセレモニーが行なわれた。眞壁潔会長、主将の永木亮太に続き、あいさつに立った曺監督は、支援者やファン・サポーターへ1年間の感謝を伝え、そして後ろに並ぶ全選手を見渡しながら言った。

「ここには多くの試合に出た選手もいますが、数試合、もしくは一試合も出ていない選手もいます。このチームが今年躍進できたのは、試合に出ていない選手たちが、つねに全力で練習に取り組み、努力してきたからです。彼らを褒めてやってください。我々は大きなクラブではないかもしれません。でも全員で戦うことで、自分たちはできるんだと誰よりも強く思い、毎日毎日練習してきた。選手たちに、最後に大きな拍手を頂けたらと思います」

指揮官の選手への想いが言葉にあふれる。拍手はしばらく鳴りやまなかった。

2016年1月、沖縄キャンプの初日のミーティングで、曺監督はキャンプの狙いやその年のスローガン「挑越」に込めた想いを語り、前年のデータを示したうえで言った。

「誰が試合に出てもやるサッカーは変わらない。全員で戦う。俺はみんなのことが好きだ。ただ、試合に出られるのは11人。試合に勝つためにこの11人を選ぶ。頑張っているのに出られないこともある。それがサッカー選手にとってつらいことも分かる。俺だってみんなをピッチに立たせたいが、11人しか選択肢はない。だから選ばれた選手は試合を楽しんでほしいし、選ばれなかった選手は次のチャンスに備えてほしい。勝つための11人を選ぶ、それがみんなへの礼儀だと思っている」

12

仲間とは

チームメイトはいい仲間でなければいけない

試合後の記者会見然り、練習後の囲み取材然り、曺監督の「たとえ」に頷かされる場面は枚挙にいとまがない。的確な比喩によって話はより分かりやすくなり、聞く側のなかにすっと入ってくる。

印象に残る話のひとつにこんなものがある。2015年のあるとき、菊池大介の以前との違いについて尋ねられた際のことだ。「僕はべつに大介がそんなに変わったとは思ってないけど」としたうえで、指揮官は語った。

「教科書を読み、先生に言われたことを書くのが勉強だとこれまでは思っていたけど、ここは読む必要がないなとか、ここは読まなければいけないなということが分かってきたのではないか」

このたとえは、「サッカーには自分と味方と相手がいて、こうすればこういうプレーが生まれるということを考えるようになったからおもしろく感じているのでは」という推測を言い換えたものだった。さらに変換すれば、感覚的にプレーしていた以前から、いまは論理的になったと言えようか。ただ、「先生に言われたことを全部書くことは、それはそれでいい」と続ける。たとえは、さらに深められていく。

「魚に天然と養殖があるように、大介はもともと天然で、考えることをしなかったから、成功したら今日はよかった、失敗したらよくなかったというだけだった。でもベルマーレに入り、サッカーでやっていいことと悪いことについて、ある意味養殖された。当初は天然だから分からなかったけど、こんどは逆に、養殖の側から天然の魚を見られるようになった」

そして、「最終的には天然の側に出て行かなければいけない」と語る。

「ほんとうは天然のまま自分の感覚だけでプレーできるのがいちばんいい選手。でもそれが難しいので、ある一定期間、養殖に置いて指導してあげることも大事。でもいまの日本は、養殖のままで世の中に出すから全部選手のせいになってしまう」

すなわち、こういうことだろう。感覚のままにプレーしていた選手に、サッカーに欠かせぬマナーを授け、そのうえで判断力や責任感、プレーする楽しみを喚起し大海に放つ。逆に、判断力や自覚が育まれていなければ、いざ海に放り出されてもその泳ぎはおぼつかない。冒頭の勉強のたとえを含め、一足飛びにはいかない、曺監督が大切にするプロセスの意義が浮かび上がる。

「でも」指揮官はさらに言葉を繋ぐ。

「それは監督である僕がなにかをしたというより、一緒にやっているチームメイトの影響が大きいと思う。2年前は（永木）亮太が『大介！　集中しろ！』と言ってたけど、いまはほとんどない。だから養殖の仲間は、いい仲間でなければいけない。それはほんとに指導とかではないんです」

指揮官の言葉に、湘南というチームのつくりを思う。ピッチに立つ・立たないに関わらず、皆が想いを等しくしているからこそ彼らはある。

その共有感、べつに監督が言うからではなく、『おまえら頼む』みたいな気持ち

2017年10月の第37節名古屋グランパス戦、それまで12試合負けなしで首位を走っていた湘南は、自分たちの結果と周囲の動向次第で昇格を決める可能性を手繰り寄せていた。

曺監督は、試合前日のセットプレーの練習の光景が忘れられないという。

指揮官は通常、試合のメンバーを直前まで考え抜く。だがその日は悪天候もあり、グラウンドに出るまえに出場が見込まれるメンバーを発表し、メンバーに入らなかった選手には対戦相手の名古屋を想定した準備をしておくように伝え、部屋を分けた。つまり練習前に、メンバーを分けてしまったわけだ。指揮官も胸を痛めたが、背に腹は代えられない。

いざセットプレーの練習が始まると、当日バックアップに回るであろう選手たちは、名古屋をイメージしながら実戦さながらにディフェンスを行なった。一生懸命やるのはいつもと変わらぬ彼らの姿だ。指揮官が驚いたのは、守る彼らが、出場が見込まれる攻撃側の仲間に対し、「そうやって入らないほうがいい」「こうしたほうがいいよ」と、いつも以上にアドバイスをしていることだった。

「俺それを見て泣けてきたんだ。こいつら凄いって。みんな試合に出られなくて悔しい想いをしているのに、誰も嫌そうな顔をしない。こんなことは普通ないよ。あの光景を見たらサッカーの戦術なんてどうでもよくなるよね。アップのときに泣いたことはあるけど、練習を見て泣けてきたのはたぶん初めてだったな。その共有感、べつに監督が言うからではなく、『おまえら頼む』みたいな気持ち。逆に言えば、この1年はそれに尽きるかもしれない」

このとき、指揮官が自ら触れたアップの場面は2012年にさかのぼる。アウェイで行なわれた

第21節ジェフユナイテッド千葉戦のことだ。ホームの大声援にスタジアムが包まれるなか、試合に向けて集中力高くウォーミングアップを行なう選手たちの姿に、曺監督は人知れず胸をいっぱいにしていたのだった。

全員が戦力と、選手たちをあまねく見つめる指揮官のもと、彼らもまた仲間を思い、切磋琢磨して、自身の成長とチームワークを育んでいる。昇格、降格、残留と、結果は1年ごとに異なるが、素敵な仲間と出会う喜びは毎年変わらない。

13 親心をもって

親が子どもを育てるように選手に接しなければいけない

2014年、開幕から連勝を続けているさなかのことだ。練習前のミーティングで、曺監督は選手たちに「サッカーを楽しむ気持ちをもう一度思い出してほしい」と言った。

その心はこうだ。

「もっともっとと向上を求めるばかりでは彼らがプレッシャーを感じてしまう」

サッカーを楽しむという原点に立ち返らせようとする指揮官の言葉に、選手たちを思う親心を感じたものだった。

親のような目線と言えば、こんなたとえ話もあった。「親が子どもを育てるように、指導者は選手に接しなければいけない」あるとき曺監督は語った。

「やってはいけないことで1回1回子どもを怒っても仕方がない。親として大事なのは、やってはいけないことを子どもに気付かせてあげること。ストーブに触ったら火傷するということを、3歳の子に『おまえが判断しろ』と言ったところで分からないし、小さい頃に叱らないと大怪我になってしまう。プロはピッチ上で見せる姿がすべてだと言われる。たしかにそれはそうなんだけど、でも、だとしたら指導者や選手は絶対チャレンジできない。やり方を含めて、生きる力を全員に感じるようなチームがもっともっと増えてほしい。うちのチームにそれができているかどうかは分からないけど、自分としてはそう思っている」

言うまでもなく、プロは結果を求められる世界だ。結果を出さなければ評価はおぼつかない。だが結果だけに捉われていると、大切なものを見失いかねない。

だから指揮官は言う。「それではほんとうにいいチームはできない」。

2016年J1第1ステージ第15節、湘南はアウェイでガンバ大阪と対戦した。立ち上がりから攻勢に出た彼らは、幸先よく先制したものの、逆転されては追いつき、熱戦の末に3－3で勝点を分け合った。

会場はオープン間もない市立吹田スタジアムだった。この日、目の覚めるような強烈なミドルシュートで2得点を決めた下田北斗は後日振り返っている。

「サッカー専用スタジアムはすぐ後ろにスタンドがあるのでゴールの位置が明確に分かり、プレーしやすい。ガンバ戦のあのシュートは、サッカー専用スタジアムだからこそ打つことができたと僕は思っている」

曺監督があるときふと口にした言葉がシンクロする。

「ファン・サポーターとピッチが近いスタジアムの雰囲気には、選手を育てるいい緊張感がある。後ろ向きなプレーに対する観客の厳しい声を含めて、選手の成長を考えたときに悪いことが一つもない。1万人……いや、9千人でもいい。スタンドが間近なスタジアムで、ボールの蹴る音やお互いの息遣いが直接聞こえるようなピッチで、選手たちにサッカーをやらせてあげたいなと思う」

攻守にアクティブな湘南スタイルを育みながら、選手個々の成長に寄り添う指揮官らしい願いである。

14 リスペクトの心

うちのチームだけが勝てばいいという狭い視野では選手は育たない

2015年7月のことだ。湘南は名古屋グランパスを相手に2－1の勝利を収め、第2ステージを白星発進した。試合後の会見で指揮官はゲームを振り返りつつ、次のような趣旨の話を語った。

「先日フロンターレさんがドルトムントと戦った試合を競技場で観ました。やはり試合で使えるテクニックや走力を高め、我々のチームを含めてリーグとして、選手の未来に繋がっていくような試合をしていきたいとずっと思っている」

第2ステージ開幕を目前に控え、川崎フロンターレは等々力競技場でドルトムントと親善試合を行なっていた。その試合を曺監督は現地で観戦し、「ほんとうにすごかった」と別の折にも率直に振り返っている。

「1年に一度、ドイツで見ているけど、試合のなかでボールを動かすときの距離感、パスのスピードや精度、サポートの速さなど、そのとき以上に目の当たりにし、彼らが持っている、試合でしっかり通用するものの幅が全然違うなとあらためて思った。切り替えや相手に対するプレッシャーについても、一人ひとりのボールを奪う間や距離が上から見ていてすごくよく分かった。やはりボールを奪いに行ける、ボールを奪えるということが選手の基準になっていて、プラスαとして、全員がボールを動かせる、ボールに関わっていける。そのプラスαも特別なことではなくスタンダード。そのうえで、シュートが上手い、アイデアがある、より動けるといったことが加わるのが彼らの基準だとあらためて分かった」

「驚いたのは、」

さらに言葉を重ねる。

「（ユリアン・）ヴァイグルのような18歳、19歳の選手もすでにドルトムントのスタイルにある程度馴染んでいる。（遠藤）航たちの世代が代表で相対するようになるんだろうけど、自立心やサッカー頭脳みたいなものがすごく優れていると感じた。たとえば（マッツ・）フンメルスや（イルカイ・）ギュンドアンらの世代からまたひと回りして、若い世代もじゅうぶん育ってきているなかで、いつも言ってるけど、我々もそういうところに一歩でも1センチでも近づくように練習や試合をしていかなければいけないし、試合で使える技術――それもハードな試合やタフな戦い、インテンシティの高い試合のなかで出せるもの――でなければ、ほんとうの技術とは言えない。それを自分自身もあらためて思った。フロンターレの選手だけでなく僕も学んだし、すごく考えさせられました」

「あらためて大事なものを見つけさせてもらった感じがします」そう言葉に込めるのは、日本のこれからだ。

「やはりワールドカップで勝とうと思ったらドメスティックな取り組みだけではダメで、我々指導者も選手も取り巻くひとたちも、そういう目でサッカー界を見ないと内弁慶に終わってしまう。だから自分たちのクラブが勝った負けたということだけに一喜一憂するのではなく、試合を重ねるごとにどのチームも強くなっていくという絵をJリーグ全体で描いていかなければいけないと思います。いまのドイツがまさにそう。ドルトムントだけではない。やはり自国リーグを充実させ、リーグのレベルを高めていくことが、代表の強化にも繋がる。その環境になんとか追いつきたい」

身をもって世界を体感した川崎フロンターレについて、「フロンターレの選手がうらやましかった」と指揮官はまっすぐに想いを語り、志を口にする。

「究極はACLや世界の舞台に——偉そうに言うわけではなく——出たいなと思う。ああいうところで彼らと対戦する機会が一度あるかないかは選手の人生において大きな違い。その意味では、そういう舞台を目指してやっていかなければいけないなと思います」

曺監督は折に触れ、同様の話をしている。思えば、2014年の講演の際にも語っていた。「うちのチームだけが勝てばいいという狭い視野では選手は育たない。ほかのチームも含めて育てる意識が必要」だと。

湘南の試合中にもまた、シンクロするシーンがある。プレーが途切れ、選手が給水する際、曺監督はベンチ前で相手チームの選手にペットボトルを渡し、ときに「がんばれよ」と声をかける。ともにサッカーをやっている仲間を思いやり、リスペクトを忘れない。と同時に、試合は相手があってこそ成り立つものだ。互いによさを発揮することが勝負のレベルを高め、訪れた観客を魅了し、そして選手の成長を喚起する。

世界基準に照らしたうえで、指揮官は選手の成長や日本の未来をつねに思っている。

15 信念

99%のひとが変えるべきだと言ったとしても俺は残りのひとりでいたい

Ｊ１を戦う２０１６シーズン、湘南ベルマーレは開幕から苦しい戦いを強いられていた。３月末に行なわれたルヴァンカップ名古屋グランパス戦で公式戦初勝利を収めたものの、リーグ戦は４月に入っても未勝利が続いていた。

ゲームの内容は決して否定されるものではなかった。相手に先んじてゴールを奪い、終盤までリードする展開もあった。だがチームとして大切にしている攻撃的な姿勢を傾ける一方で、一瞬の隙を突かれたり、後半アディショナルタイムに追いつかれたりと、勝ち切ることができない。当然、勝点も積み上げられない。

開幕戦に敗れ、2引き分けを挟み、浦和レッズ、ヴィッセル神戸、ヴァンフォーレ甲府に3連敗を喫した4月のある日のことだった。指揮官は選手たちに問うた。「おまえら引くか？」

サッカーでは強豪と対峙する際、点を取りに行くより取られないことに重心を置き、自陣に引いて守りを固める戦い方が往々にしてある。失点しなければ負けることはない。逆に、相手の攻撃を耐えてカウンターを仕掛け、少ないチャンスをゴールに結ぶことができれば、勝利を手繰り寄せることもできる。勝点を得るために、失点のリスクを抑えつつ得点の可能性を探る、いわゆる「現実的な戦い」である。

もちろん、曺監督は引くことを選手たちに求めたわけではない。問いが意味するのは、選手自身がどのように考えているか、どうしたいか。リスクを冒してゴールを目指すこれまでに培ってきたスタイルではなく、自陣に引いて現実的な戦いをしたいか、ということだ。

そのうえで、指揮官は選手たちにこんなふうに語りかけたという。

「引かないと勝てないと言うのであれば、俺はもう代わったほうがいい。俺のマネジメントでここまでやってきて、そのやり方自体を変えるというのなら、自分が嘘をついていたことになってしまうから」

そしてさらに言った。

「でも、このサッカーで1%でも勝つ確率があるなら俺はやりたい。99%のひとが変えるべきだと言ったとしても俺は残りのひとりでいたい」

曺貴裁監督のもとで育まれる湘南スタイルは、「攻撃的で、走る意欲に満ち溢れた、アグレッシブで痛快なサッカー」と表現される。前線からボールを奪いに行く、いわば攻撃的な守備を前提に、ラインを高くコンパクトに保ち、奪うや素早く縦を目指す。もちろん攻め込まれればゴールを守るディフェンスにシフトするが、基本はハイラインでボールの出どころにプレッシャーをかけ、チームで連動して奪うことを志向する。FWは2度追い、3度追いを厭わず、プレスバックも見慣れた光景だ。かたや機動力に優れる最終ラインのオーバーラップは攻撃に厚みをもたらし、と同時に、攻め上がることで相手の重心を後ろに引きつけ、自分たちのゴールから遠ざけて攻撃力を抑止する。

ハードワークをベースに、個々の特長を活かし攻守に能動的に仕掛けていくスタイルは、選手の成長を促そう。目先の結果以上に個々の成長に寄り添い、ひいては日本サッカーの可能性をも照らす戦いを、曺監督は信念をもって追求している。

おまえら引くか？——指揮官のくだんの問いに対し、選手たちは首を横に振った。彼らはきっと、引くことなど考えもしなかったに違いない。

チームはその後さらに黒星を2つ並べ、リーグ戦未勝利のまま第9節横浜F・マリノス戦を迎えた。

「今日は絶対に勝ちたい」試合前のミーティングの際、指揮官は語り、こんなふうに続けたという。

「我々は一度も勝てていない。この状況、この順位、チームのなかに不協和音が出ても珍しくない状況のなかで、俺がいまおまえたちに言わなければならないのは、戦術の指示でも、相手のことでもない。俺はおまえたちに感謝している、信頼しているということだ」

そしてプレミアリーグを初めて制したレスターの映像を示し、ブンデスリーガのフライブルクの歴史なども引用しながら、選手が入れ替わってもひとつの筋が通っているクラブの価値に触れた。

語られた言葉の数々は、熱をもって選手に届く。

「自分を信じてボールをもらう、取りに行く、取られたら取り返す。それを続ければいい」

「ミスを恐れるな。負けることが怖いのではない。おまえらがレスターのようにプレーできないことが俺は怖いんだ」

「ひとつ勝った、ふたつ勝ったというひとがいる。でもそんなことはどうでもいい。無心でプレーする俺たちの強さってあるだろう。チャンスだと思って前へ出ていく強さ、ピンチで戻ってくる強さを俺たちは持っている。いまのJリーグのサッカーに合わせる必要はない」

「負けることより、おまえらがつまらなそうな顔でサッカーすることが俺はいちばん怖い。つまらないなという顔でプレーしているサッカーは、たぶんやっていても見ていてもつまらない。おまえらがつまらなそうな顔で続けていたら、それは俺が辞めるときだ。勝ち負けじゃない。でも俺は、このチームつまらないなと、みんなが感じないようにする自信だけはある」

厳しい戦いが続くなか、曺監督は、作戦や戦術ではなく、選手に対する自らの想いをまっすぐに語り、ゴールを目指す、取られたら取り返す、目の前の相手に負けないといったサッカーの原点とともに、自分たちが大切にする信念を再確認した。またこの日は、クラブ全体で一体となって現状を打破したいというフロントスタッフの意向により、異例ながら彼らもドレッシングルームに入り、ともに円陣を組んで一戦に臨んだという。

果たして選手たちは、指揮官の言葉にシンクロするように躍動した。序盤からホームの横浜F・マリノスにペースを握られるも、彼らは前線からプレッシャーを弛まず、粘り強く対峙し、要所を締めた。後半間もなく先制に成功すると、終盤に向けて相手の猛攻に晒されながら、ラインを保ち、ボールに対する寄せも怠らない。最後までゴールを許さず、1－0で手にしたリーグ戦初勝利は、1997年5月以来じつに19年ぶりとなるマリノス戦の勝利でもあった。彼らはクラブの歴史をも動かしたのである。

試合終了を告げる長い笛が響くと、奈良輪雄太（現東京ヴェルディ）や端戸仁ら元マリノスの選手をはじめ、いくつかの涙が頬を伝った。「マリノスに対して正々堂々と闘えたことがいちばんうれしかった。気付いたら泣いていた」奈良輪は振り返り、端戸も「なぜか分からないけど自然と泣いてしまった」と語った。彼らは本能のままにすべてを出し切り、武骨に結果を掴んだのだった。優勝や昇格が懸かっているわけでもないリーグ戦の1試合で、言い換えれば日常のひとつの仕事で、なぜか分からないけれど涙があふれることなどあるだろうか？

湘南はこの年J2に降格した。だが苦しい戦いのなかでも、自分たちの軸が揺らぐことはなかった。

馬入のピッチの温度を下げてはいけない

現実的な戦いを否定するのではない。誰しも結果を求め、最良であろう策を採るなかで、ただ彼らにはスタイルを変えるという選択肢はなかった。それは指揮官の信念であり、クラブのフィロソフィーに通じていた。なにより彼らの最大値は、いわゆる現実的な戦いよりも自分たちのスタイルにこそ求められる。

結果によって取り組みを変えない意義を、曺監督はこうも語っている。

「変えずにやっていくことが選手にとって大事だと、監督としてあらためて勉強になりました。いろんな考え方があるけど、負けたから次はやり方を変えます、負けたからポジションを変えます、というのは、大事にしていたものを結果的に失ってしまうと僕は思う」

指揮官はさらに、育成年代からクラブに長く携わってきた自らのバックボーンを踏まえ、自身が湘南の指揮を執る意味に言及する。

「試合ごとに成長しよう、チャレンジしようという気持ちを選手たちに失わせてしまったら僕が監督でいる必要はないし、そういう部分を期待されているところもあるので、戦い方を変えることはまったく考えなかった。ただ、変えることを否定するわけではないし、自分のようなバックボーンのないひとなら変えるだろうと思う。そうすることでJ1に残れる、勝点を稼げるなら、プロの世界ではいいのかもしれない。でも俺はそうは思ってないということ」

クラブに対する自身の存在意義ともいえようか。指揮官は続ける。

「クラブの立ち位置と選手たちがどう思うかを考えたときに、僕が発信しているサッカーに集まったメンバーに対して、勝てないからやめてこっちにするというのは、人と人の信頼関係に関わる話。自分たちが1年ごとに成長できているという実感を持てるように僕もやってきているつもりだし、そもそも勝つためにこのサッカーをやっているわけだから、その根幹を変えてしまうのはよくないと思っている」

2016シーズンをひもとけば、湘南は10連敗を喫したことがあった。選手たちの、スタッフの、なによりチームを預かる指揮官の当時の苦しみに想像は届かない。だが、そんなときでも曺監督は、練習グラウンドのある神奈川県平塚市の地名を引きながら選

手たちに力強く言ったものだ。「馬入のピッチの温度を下げてはいけない」と。

「10回戦って10回負けるなんて、選手もサッカー人生でほとんど経験したことがないと思う。そういう状況を見ると、前向きになれないような条件は揃っている。でも僕が言ったのは、この馬入のピッチの温度を絶対に下げてはダメだということ。この練習をやって自信を付けてゲームに臨むしかない。公式戦はさまざまなプレッシャーがかかってトレーニングと同じようにはできないけれど、だからといってこの状況を変えるために練習の温度を下げてしまったら身もふたもない。試合の結果の責任は僕にある。そのうえで、この馬入のピッチの温度を保ち、もっと高めていくことに注視しなければいけない」

そして指揮官は、プレッシャーがかかるからといってボールを受けなかったり、繋がずに蹴ってしまったり、あるいは前から奪いに行くより自分たちのゴールを守るために引いてしまったりするような戦いではダメだと諭した。

「プレッシャーはないと強がっても、逆にプレッシャーにビクビクしても仕方がない。自分たちが抱えているプレッシャーに対して、楽しめとは言わないけれど、向き合わなければいけない」

プレッシャーについて、指揮官はこんなふうに喩えた。

「受験勉強と同じで、横に座っているひとも、お父さんもお母さんも助けてくれない。自分でその問題を解こうとしなければいけないけど、でも受験生はプレッシャーを楽しもうという姿勢では解かない。プレッシャーときちんと向き合い、深呼吸して名前を書いて、解ける問題から解いていく。辞書や参考書なんていまさら開かずに、自信を持ってやるべきことをしっかりやる。僕が言うプレッシャーと向き合うというのはそういうこと。平常心で臨めと言っても、楽しめと言っても難しい。でも練習のクオリティは去年より間違いなく上がっていると思うし、練習でやったことがピッチに出る。ひとつ勝ったら必ずポジティブになってくるから、選手にはそこを信じてやってもらいたい」

黒星が並んでもチームの一体感は色褪せず、集中力の高いトレーニングが粛々と行なわれていた。グラウンドを包む空気は、10連敗しているチームのそれではなかった。もしなにも知らずにトレーニングを目にしたら、彼らが結果に苦しんでいるチームとは誰も思わなかっただろう。

信念はあくまで道具。コルセットになってはいけない

2017年、湘南ベルマーレは曺貴裁監督の指揮のもとでは2012年、2014年に次いで3度目となるJ2の舞台に臨んでいた。

伸びしろ豊かな才能が門を叩き、かたや伸びやかに育った選手がJ1の強豪クラブへ移籍するなど、クラブはこれまで健やかな新陳代謝を繰り返してきた。選手は活発に入れ替わり、裏を返せば、

湘南スタイルの成長過程を知るメンバーは少なくなっていた。

だが一方で、昨年までJ1を経験している近年の実績もあり、湘南に対する他のチームの温度は総じて高い。そのくせ選手たちには勝たなければいけないというプレッシャーが重くのしかかり、さらには主将の高山薫や副将の菊地俊介がシーズン序盤に怪我で離脱するなど、次々と苦境に見舞われる。

難しい試合展開が増すなかで、選手たちは勝負に対する責任感をそれぞれに高め、と同時に、勝つための振る舞い、すなわち、ゲームの流れを察知し、耐えるべき時間帯は粘り強く0に抑えるといった、ある種大人の戦いをチームとして身に付けていく。

あれは第14節、アビスパ福岡をホームに迎えた一戦のあとだった。ゲームで意図したことを指揮官はこんなふうに語っている。

「ボールを持ったときも、相手がボールを持っているときも、自分たちから主体的にアクションを起こしていくことが我々の信念のなかのひとつ。でも、前から全部行くことが信念ではない。勝つためには、信念というパッケージのなかにあるものをすべてやらなければいけない。信念を変えてはいけないけれど、信念という言葉が腰に巻くコルセットみたいに選手の動きを規制するものであってはいけないし、ただブレないでやるというだけの信念であれば、もしかしたらそれは選手のよさを出させないコルセットと同じことかもしれない。信念は選手のよさを活かすために、選手が成長するためにあるべきで、その範疇のなかであればシステムも配置もいろんなものをトライしていくことが大事だと思う。スタイルは大きいものであるべきで、ただ単に3－4－2－1で前から行くことがスタイルではない。コンセプトや信念というものは、なにかを促していくものでなければいけない」

言葉のひとり歩きに人知れず違和感を覚えることがあるのかもしれない。

指揮官が語ったように、たしかに湘南スタイルは、「3バック」「前からプレッシャーをかける」「リスクを冒して攻撃に人数をかける」などと語られる。もちろんそれは見え方を端的に表してはいるが、そうしたものはあくまでスタイルの一面であり、勝つためには状況に応じて変化するのが本来のあり方に違いない。

くだんの福岡戦は0－3で敗れた。ただ、スコアは大敗も、こと前半においては「僕が監督をしてきたなかでもベストのゲームだったかなというぐらい」と指揮官が語ったように、あるいは福岡の選手が「前半45分はなにもさせてもらえなかった」と肩を落としたとおり、彼らの戦いは圧倒的だった。仲間同士距離感がよく、失えば高い位置で奪い返し、小気味よくパスを編んでいく。ゴールへの推進力を弛まず、決定機も重ねた。

フォーメーションは4－3－3だった。だが「配置はさほど重要ではなかった」指揮官は言う。

「配置というよりも、リスクを冒さなければ点は入らないということを全員が共有できたことが大事。いい意味でみんなの〝装着具〟が少し外れたかなと僕は思っている。リスクを避けてサッカーをしてくる相手に、これまで自分たちも我慢しながら戦い勝ってきた。その戦い方は信念のなかのひとつだけど、そういうことを目指して自分たちはフットボールをやっているわけではない。それを僕は選手に伝えたかった。相手に依存することをそもそも目指しているわけではなく、自分たちのスタイルをしっかり意図してやっていくのが我々のサッカーなので、リスクを避けてくる相手をいかに凌駕していくかと向き合った。でも骨折したらギプスをしなければいけないし、チームには装着具が必要なときもある」

敗戦を受け止めながら、一方で結果にフォーカスするのではなく、ゲームの内容を掘り下げる。彼らの変わらぬ取り組みは次へと繋がっていく。

世界のサッカーの趨勢を鑑み、現代サッカーはカウンターもポゼッションもセットプレーも、攻守においてすべてを備えなければ勝つことはできないと、曺監督は折に触れ釘を刺すように語っている。その意味で、2017シーズンの彼らの戦いは、リスクと引き換えに勢いよくピッチを駆けた12年とも、チームの成熟とともに相手を圧倒した14年とも異なっていた。攻守に能動的な自分たちの信念を明確に自覚しながら、流れのなかでゴールを奪えなければセットプレーで虎の子の1点をもぎ取り、攻め込まれればブロックを築いてゴールを死守するといったように、勝利を得るために懐深く構え、最善の判断をピッチに傾けて、彼らはリーグの頂点にたどり着いたのだ。

そんなチームの振る舞いを踏まえ、曺監督は自身のマネジメントをこう喩えている。

「たとえば子どもに夜8時までに帰りなさいと言う。子どもが8時を過ぎて街にいるより、その時間を家族と一緒に過ごして共有することが大人になってから大事なんだよと、だから親は信念を持って子どもの門限を夜8時と決める。でも最後のお別れ会のときに今日だけは10時になるということを、信念という名のもとにダメだとするのか、10時でいいとするのかは、チームの置かれているところで変わると思う。最初に指導した頃は、僕はどんなときでも8時に帰れとチームに言っていた。いまは考えなさいと、でも8時は大事なんだよと、いわばそんな感じだよね」

16 言葉について

相手の話を聞き、相手に分かりやすく伝えるのは僕の元々のスタンス

走ること、攻撃で前に出て行くこと。秋野央樹は、自身の課題を端的に捉えていた。湘南からオファーを受け、対面したとき、曺監督は秋野が言うより先に彼の課題を指摘した。のちに秋野は振り返っている。

「自分が改善しなければいけない、やらなければいけないと感じていた点を、曺さんに言わずして指摘され、改善すると言ってもらった。僕のことをよく見てくれているんだなと思ったし、それをやることによって自分の幅がもっと広がり、この先1年でも長くサッカー人生を送れるのではないかと思った。曺さんのもとでやりたいと思った。それで移籍を決断しました」

くだんの交渉を経て、2017シーズン、秋野は柏レイソルから期限付き移籍で加入した。攻撃に加わりゴールやアシストを記すのみならず、1対1を制し、ゴール前で身を挺するなど守備でも

存在感を高めていく。求めていた幅が豊かに息づいていた。

ときはさかのぼり、2014年のシーズンオフのこと、坪井慶介は13年間在籍した浦和レッズを契約満了となり、湘南との交渉の席に着いていた。日本代表としてFIFAワールドカップ・ドイツ大会に出場し、浦和ではアジアチャンピオンにも輝いたことのある35歳に、しかし曺監督はこれまでの豊富な経験以上に、坪井自身の未来に触れた。

坪井は振り返る。

「僕がこれまでに積み重ねてきた経験を若い選手たちに伝えていってほしいという話はもちろん出ましたが、ある意味それはどんな監督でも言うと思うんです。でも曺さんはそれだけでなく、今年36歳になる僕に対して『うちに来てうちのサッカーをやればツボ自身がもっともっと成長できると思う』と言ってくれた。それはもう、決め手でした。この歳になって『おまえはまだ成長できる』とはなかなか言ってもらえない。非常に心を動かされました」

指揮官のなかに若手とベテランという線引きはない。成長の余白を選手に思えば、素直な気持ちをそのまま言葉に乗せる。

選手と話すとき、曺監督には心掛けていることがあるという。

「言葉というか、コミュニケーションというもう少し大きな枠で言うと、抽象的な話は絶対しない。要は、『最近どう元気?』みたいな言い方ではなく、基本的にはなにかにたとえて、必ず具体的な話をするようにしている。分かりやすく言うには例示がいちばんいい。また、相手の頭に入らないような話の方向には持っていかない。そのために、内容は同じでも違うパターンの言い方を3つか4つ必ず持っておきます。言葉はコミュニケーションなので、相手の反応や理解度によって言い方を変えていかなければいけない。その時々で、どれだけ言葉に力を持たせられるかがすべて。ひとことでも言葉に力があればいいし、長くても説得力があればいい。よく説明は長いより短いほうがいいと言うけど、べつにそんなふうには思わない。伝えるということは時間や言葉の数じゃない。記者会見もそうですが、思ってないことは言わないし、とにかく聞いているひとたちが分かるように話そうと思っている」

その心掛けは、指導だからというわけではないという。

「例示するのが僕のやり方という意味ではなく、相手の話を聞き、相手に分かりやすく伝えるのは僕の元々のスタンス。生きてきてずっとそうだから、仲間との会話でも同じです」

想いを分かりやすく伝えるために、指揮官がなにかにたとえて話すことは珍しくない。

たとえば曺監督の指揮のもとで初めてＪ１に臨んだ２０１３年、戦う相手を意識するあまり選手が自分のよさを出せていないことについて、自省を込めてこんなふうに語った。

「Ｊ１になるとどうしても相手の話が多くなる。すると頭が守備に傾いて攻撃のよさが出なくなる。でも、うちはもともと攻撃のチーム。攻撃のよさを出そうと意識を向かせることで守備も上がってくるはず。そこのマネジメントをやっていかないといけない。テーブルマナーを教わった子どもがそれにばかり捉われたら食事を楽しめないし、美味しいと感じない。極端に言えばそれと同じ」

ふたたびＪ２に臨んだ２０１４年、第21節ザスパクサツ群馬戦の試合前のミーティングでは、富士山の話が引用された。

「富士山の頂上に登るには４つのルートがあるらしい。ひとつは６時間ぐらいかけて途中休みながら進む道。もうひとつは景色や植物を楽しみながら歩く道。もうひとつは、平坦な道が多く登りやすいけど時間がかかる道。そして山頂との距離は近いが岩場の多い道。我々は、ゆっくり行くのではなく、回り道するのでもなく、岩場の道を行こうと、険しいと分かっていて、あえてその道に挑戦するんだと。ゴールまで最短距離で向かっていくことでいままできたのだから、下を見ないで上を見ろと。そういうプレーをどんどん仕掛けることが相手にとって脅威だし、その質を高めることで我々は強くなり、結果に繋がっていくと僕は信じている」

チームはそれまで、Ｊリーグ記録となる開幕14連勝を果たし、その後も勝ち続けていた。だが前半戦の締め括りをまえに、指揮官はあらためて攻撃的でアグレッシブな湘南スタイルを見つめようと選手たちに働きかけた。後半戦に入り、相手に徹底的に引かれるなど難しい戦いは増えたものの、彼らは史上最速のJ1昇格を果たした。まさしく最短距離を駆け抜けたのだった。

それから降格と昇格を経て2016年、J1で厳しい戦いを強いられている渦中には、受験勉強をたとえに用いながら選手たちに語り掛けている。

「受験勉強では、9時から10時は単語、10時から12時は歴史と、スケジュールを立ててやっていくことが大事。でもやらされている勉強だけだと、自分が準備していたのと違うことが試験に出たときに対応できないし、パニックになって落ち着いて問題を解けなくなる。だから楽しみながら受験勉強に取り組めるひとは、自信もあるし、名前を書くことも忘れないし、試験当日もパフォーマンスを発揮しやすい。サッカーの試合も同じ。いま俺たちは、自分たちのレベルからひとつ上の大学に入るために勉強している。そのなかで、たとえば受験勉強なら、先生が言ったことをただやっているだけでなく、ひとつふたつ自分で突っ込んで勉強する、考えていくことが大事。それはサッカー選手も同じ。いまのところは届かないけど、そこに近づくためにいまやっているということを忘れてはいけない。楽しみながら自分のやるべきことをしっかり続けていけば、悪くなることは絶対ない」

周囲には厳しい状況に映っても、選手の成長を願う指揮官のもと、彼らはつねに集中力高く前向きにトレーニングに励んでいた。

17 指導者としての悔しさ

Jリーグに残るという選択肢をみんなが取らないことが、いち指導者としてすごく悔しい

曺監督には、折に触れ口にする想いがある。

さかのぼれば監督として初めてJ2に臨んだ2012年、シーズンをまえにこんなふうに語った。

「いま日本のトップクラスの選手はみんなヨーロッパへ行く。なぜJリーグにいたら成長できないのかと考える。欧州のほうが、プレッシャーが速い。技術も高い。選手たちはサッカーを職業として楽しみ、向上しようという意欲を持っている。だから惹かれるのかなと考える。そこでJリーグに残るという選択肢をみんなが取らないことが、僕はいち指導者としてすごく悔しい」

またべつの折には、日本人選手の欧州への移籍について水を向けられ、「頑張ってほしい」と渡欧したサムライたちにエールを送りつつ、こう続けた。

「選手がヨーロッパに早く出たいと思うのは、同時にJリーグのチームでプレーすることに物足

りなさを感じているのかもしれない。Ｊリーグでプレーするなかでも成長していけると選手が思える環境――ブンデスリーガやプレミアリーグなどはそういう環境だと思いますが――になっていかなければいけないと思うし、選手が海外へ出たいと思うことに関して、両手を上げて喜んでいられないなという気持ちがある」

もちろん、クラブの枠を超えて選手の成長や活躍を願う指揮官のことだ。言うまでもなく、海外への挑戦を否定しているのではない。

見つめているのは、指導者としての足もとである。だからＪ２に臨んだ監督就任当時も想いをこう重ねたものだ。

「向上心のある選手が上のステージを目指すのは至極当たり前のこと。僕も勉強のためにヨーロッパへ行きます。でも、湘南のサッカーはＪ２だけど凄いしやってみたいと選手に思われるようにしたいし、逆に『うちに入れたら活躍するんじゃないか』とＪ１のチームに言われるような選手になってほしい。僕が監督としていちばんやらなければいけないのは、じつはそこなのかなと思う」

湘南は以降、曺監督の指揮のもと、「攻守の切り替えの速さで相手を圧倒する」「攻撃も守備も相手より人数をかける」「リスクを冒して縦パスを入れ、攻撃のスイッチを入れる」といった能動的な自分たちのスタイルを築きながら、着実に歩を進めてきた。昇降格を繰り返している現状は、俗に言うエレベータークラブと評されるかもしれないが、予算規模や近年の実績を踏まえれば、Ｊ２に

2年と続けてとどまっていない事実にも光は等しく当てられるべきだろう。なにより、2015シーズンをもって鹿島アントラーズへ移籍した永木亮太や浦和レッズへ移籍した遠藤航に代表されるように、J1の強豪クラブからオファーが届くようになり、かたや高校選手権を沸かせ、2020年の東京五輪を目指す神谷優太（現愛媛FC）や杉岡大暉など次代を担う豊かな才能も続々と集まっている事実は、スカウトら表には見えないスタッフの尽力も含め、クラブとしての得難い価値に違いない。

育てた才を他のクラブに引き抜かれるジレンマはある。だが、別れは育成の肥沃な土壌を意味すると同時に、選手が輝かしい未来へと向かう希望の象徴と言えるだろう。期するJ1定着に向け、湘南は育成型クラブとしてポジティブなサイクルに入りつつある。

column

競争

たとえばDFの岡本拓也や杉岡大暉がときにウイングバックを務めるように、あるいはMFの菊地俊介がシャドーを、石川俊輝がセンターバックを担うように、湘南の選手のフレキシビリティは高い。ポジションが固定化されないことでそれぞれのプレーの幅は広がり、チームの戦略も色彩豊かなものになる。と当時にポジション争いは激しさを増し、チームは活性化される。

一方で、競争の奥に流れる選手たちの想いも見逃せない。

思い起こすのは2014年、右サイドはおもに藤田征也と宇佐美宏和が担っていた。藤田はこの年、生え抜きの古林将太の怪我による離脱に伴い、開幕直後にアルビレックス新潟から期限付き移籍で加入していた。

同い年の藤田と宇佐美は、それまで年代別代表でも切磋琢磨してきた仲だった。しかし、「もちろん試合には出たい。でも自分が出ていなくても勝ってほしいし、征也が出ていれば頑張ってほしいと素直に思う」そう宇佐美が言えば、藤田も「たとえば僕が先に出ていてチャミ（宇佐美）と交代する場合なら、『あとは任せた』という気持ち。お互いに支え合っている感覚です」と口にしたように、ライバル以上の絆でチームの快進撃に貢献した。

キャプテンの永木亮太と同い年で、ポジションもボランチと重なる岩尾憲（現徳島ヴォルティス）も、出場が限られるなかでまっすぐに語ったものだ。

「率直に言うと苦しいし、悔しい想いもしていましたが、それでも前に進んでいかなければいけない。うちは競争が激しいですが、ある意味、自分との戦いでもあると思っている」

そんな岩尾は、永木が怪我で離脱した10試合すべてに先発するなどチームを支えた。水戸ホーリーホックを経て、移籍した徳島では、不動のキャプテンとして活躍している。

翌2015年にはこんなこともあった。J1第2ステージ開幕戦、ホームに名古屋グランパスを迎えた湘南は、2点リードでゲーム終盤を迎えていた。対して名古屋もパワープレーに出て1点を返し、さらにロングボールで攻勢を強めていく。相手の圧力が強まるなかで、湘南のベンチでは選手が皆立ち上がり、ピッチで戦う仲間に声をかけ続けていた。

ベンチに控えていたメンバーのひとりだった石川は、のちに振り返っている。

「あんなふうにずっと座らずにラスト10分を見た経験はあまりない。試合に出られなければ誰でも悔しい。でも悔しさは自分に向け、チームが勝つことに精一杯携わりたい」

石川自身、プロ2年目のこの年は、同じボランチを担う永木や同い年の菊地の陰でベンチスタートも少なくなかった。

思えば、湘南のトレーニングに初めて参加した大学4年当時を振り返りながら、こんなふうに語ったこともあった。

「プロの選手でも、こんなに上手くなりたいというみんなの想いが伝わる練習をするんだと衝撃的だった。だからこそ僕もここでやりたいと思った」

先発のピッチに立てるのは11人と決まっている。だが曺貴裁監督の考えに、スタメンとサブとバックアップに優劣はない。毎試合、チームの勝利と選手個々の成長を踏まえて熟考された配置にそれぞれが就き、そうして彼らのチームワークは育まれている。湘南の一体感は紛れもなく、選手たちの得難いパーソナリティと、試合出場の可否に関わらず一人ひとりに寄り添う指揮官のマネジメントのうえに成り立っている。チームとしてのその深みには、競争という言葉だけでは届かない。

chapter

2

キャプテンは誰が決めるか

第1章で触れたとおり、2014年4月、湘南ベルマーレのホームタウンで活動する指導者を対象に、曺貴裁監督の講演会が開催された。『ありのままの指導　賛否両論の曺スタイル』と題された会の冒頭、登壇した指揮官は、小学生を教える数十人の指導者にこう訊ねた。

「皆さんはどのようにキャプテンを決めていますか?」

質問の意図は、「誰がキャプテンを決めるか」。すなわち、チームの主将選びを選手たちに委ねるのか、あるいは投票のような形をとるのか、それとも監督が自ら決めるのか、ということだ。

2000年に川崎フロンターレのトップチームのアシスタントコーチに就いて以降、曺監督は同ジュニアユース監督やセレッソ大阪のトップチームヘッドコーチを歴任した。2005年には湘南ベルマーレのジュニアユース監督を務め、その後、同ユース監督、同トップチームのヘッドコーチを経て、2012年よりトップチームを指揮している。

Jクラブの育成年代からトップチームまで、およそ20年にわたり間断なく指導に携わってきた歩みのなかで、指揮官はこれまで、どのチームにおいてもキャプテンの決め方を一貫して変えていないという。「チームマネジメントにおいて僕のなかで非常に大事なこと」と語るそのプロセスには、曺監督が指導者として大切にしていることの一端が垣間見える。

1 キャプテンの決め方

チームの成長とキャプテンの成長が比例しなければいけない

選手にキャプテンを決めさせるか、それとも監督自身が決めるのか。

「一度も選手に決めさせたことはない」指揮官の答えは明快だ。

「なぜなら、選手にとってそれがいちばん分かりやすいメッセージだから。『ああ、曺さんはこのひとを信頼しているんだ』と伝わるし、それは贔屓ではなく、試合に出るとか出ないとかも関係なく、この選手をチームの基準にするというメッセージを自分から発信したい。キャプテンをやりたいと思う選手にやらせることが必ずしもうまくいくわけではないので、本人が望むか望まないかは気にしない。キャプテンを示すことで、僕のメッセージがみんなに伝わることが大事だと思っている」

キャプテンのプレーや言動、サッカーに取り組む姿勢がチームの基準となる。だがキャプテンにすべきは、もともとリーダーシップを備え、率先してチームのために働いたり声を出したり、言わなくてもキャプテンらしい振る舞いができる選手ではない。

「チームの成長とキャプテンの成長が比例しなければいけない」あわせて指揮官は言う。プロの世界では必ずしも当てはまらないかもしれないが、と前提したうえで、続ける。

「チームには、たとえば点を取られたときに声を出す選手がいなければいけない。でもそれはキャプテンとイコールではなく、そういう選手がキャプテンをやる必要はない。極端に言えば、キャプテンは点を取られたときに沈む選手でもいい。でもその選手が徐々に強くなり、点を取られても沈まないようになっていくのならキャプテンを任せればいい。元気な選手は放っておいても元気だから、べつにキャプテンという立場を与えなくていいとも言える」

つまり書監督は、目の前の壁を必ず乗り越えられるようになるだろう、抱えている課題を克服できるだろうと感じうる選手をキャプテンに指名する。キャプテンを務めることで周囲の見る目は変わり、メディアなどを通じて発言の機会も増える。自ずと責任感は増し、チームを忘れぬ気持ちや自覚もよりたくましく培われていく。そうしたキャプテンの成長が仲間にも伝播し、比例してチームの成長に結ばれていく。

「投票とか、スタッフと相談するとか、去年は誰がやったから今年は代えるとか、そういうのは嫌い。それならキャプテンなんてべつに決めなくていい」

だから書監督は、キャプテンを自ら決める。

2 キャプテンを託した理由

大事なのは、僕のメッセージが選手に伝わること

曺貴裁監督が2012年に指揮を執って以来、2017年までに3人の選手が湘南ベルマーレのキャプテンを務めている。

最初に担ったのは、チーム最年長プレイヤーの坂本紘司だった。2000年にジュビロ磐田から加入し、「ミスターベルマーレ」とも称された坂本は、クラブ在籍13年目となるこの年、人生初のキャプテンを指揮官に託された。

その訳を、こんなふうに曺監督は言う。

「紘司はあの年に絶対キャプテンをやらなければいけなかった。それに尽きます。クラブのレジェンドのような存在として、悪い言い方をすれば、キャプテンをやらずに気楽な居心地を感じながらプレーするのは違うと僕は思った。彼自身のキャリアも晩年を迎えていたなかで、キャプテンとは

どんなものかを感じてほしいという想いがあった」

若手が台頭するなか、開幕ベンチスタートとなるなど坂本の先発の機会は限られた。だが自身の出場とは関係なく、若い選手たちが持つ雰囲気を活かしてチームをつくりたいとオープンに声をかけ、仲間と対話を重ねた。ミーティングでは選手を代表して発言することもあった。そうして皆が打ち解け、誰もが一体感を口にした。

自身を客観的に見つめつつ、坂本はのちにこう振り返っている。

「自分は進んで前に出るタイプではないし、肩書はいらないと思っていた。キャプテンというキャラではなかったけれど、みんなを代表して発言する機会も多く、チームのためになっていると感じられたし、キャプテンをやらせてもらうことで自分の存在意義みたいなものを感じることもできた。すごくいい経験をさせてもらいました」

坂本はこの年をもって現役を引退した。スパイクを脱いだあとはクラブのフロントスタッフとしてセカンドキャリアをスタートさせ、営業本部長などの要職を務めた。現在はチームを統括するスポーツダイレクターとして現場に復帰し、曺監督を陰で支えている。

翌2013年、坂本からキャプテンを受け継いだのは、プロ3年目の永木亮太だった。

永木は曺監督が川崎フロンターレのジュニアユースを指揮した頃の教え子で、大学4年時の

2010年にJリーグ特別指定選手として湘南に加入した。その年にJ1の舞台を経験すると、晴れてプロとなった2011年からはJ2でキャリアを重ね、2012年はチームトップの41試合に出場した。ボックス・トゥ・ボックスの意識とともに、自陣ゴール前で守備に献身すれば、攻撃に転じるや相手ゴールをすかさず目指す。球際激しく、90分を通して足を止めない。その存在感はとりわけシーズン終盤に増していき、ラスト3試合はゲームキャプテンを務めてJ1昇格に貢献した。

永木にとってもキャプテンは人生初に等しい経験だった。曺監督は託した意図をこう語る。

「亮太はそれまでにある程度活躍し、プレースタイルを含めて周りが信頼していることも分かっていた。湘南というチームを象徴するのはあいつのプレーだったから、亮太が基準を決めて、チームとしてもそれを大事にしたかったということです」

J1に臨んだ2013年は1年でのJ2降格を味わうが、翌2014年はJリーグ記録となる開幕14連勝や史上最速のJ1昇格など圧倒的な成績でJ2を制し、さらにクラブとして初めてJ1残留を果たした2015年まで、永木は3シーズンにわたって湘南のキャプテンを務めた。ピッチの外では穏やかなキャラクターも、ひとたびピッチに入れば、ゲームでもトレーニングでも激しいプレーでチームを鼓舞し、ときに仲間を厳しく叱咤することも厭わない。

「あいつがキャプテンマークを巻いて周りや外の世界に言葉を発信することによって、それが湘南なんだということが世間にもチーム内にも伝わった。それによって亮太自身の見られる度合いも上がったし、その意味で総合的に成長したと思う」

のちに指揮官は、永木の成長をこう振り返っている。

高山薫は、永木からバトンを受け、2016シーズンよりキャプテンを担った。同い年の永木とともに川崎フロンターレのジュニアユースで曺監督の指導を仰いだ高山は、2011年に湘南に加入すると次第に頭角を現し、さらに曺監督の指揮のもと、攻守にアグレッシブな「湘南スタイル」をリーグ屈指の走力をもって体現した。その活躍から2014年には柏レイソルに移籍したが、2015年にふたたび湘南に復帰し、クラブ初のJ1残留に貢献した。

そして2016年、主将の永木が鹿島アントラーズへ、生え抜きで副将を務めていた遠藤航が浦和レッズへ移籍するなどチームが変革するなかで、指揮官は高山にキャプテンを託した。

意図はこうだ。

「亮太や航が移籍して、チームの想いを背負い発展させていくのは薫しかいない、亮太のあとはあいつしかいないと僕のなかで思っていた。そこに理屈があったかと言われると困るけれど、上手いとか下手とかではなく、この湘南を継続させていくには薫がキャプテンになるのがいちばんいいと感じていた。キャプテンマークを巻くことがあいつの成長にすごく大事だと思ったのと、それによってチーム力が上がってくるという確信があったので、薫にキャプテンをやってもらうことにしました」

2年目のJ1に挑んだ2016年、しかし湘南はシーズン途中に10連敗を喫するなど厳しい戦いを強いられ、ふたたびJ2に降格する。プロになって初めて主将を務めた高山が抱いたであろう苦しみに、想像は届かない。

迎えた2017年、キャプテンを決めるにあたり、指揮官は高山に、断ってもいいと話したという。だが高山は首を横に振った。

「曺さんは断ってもいいと言ってくれたけど、自分はその責任から逃げたくなかった。1年だけやって辞めますというのは違うと思うし、去年以上にやらなければいけないと思っている」

だが、2017年はべつの意味で高山にとって厳しいシーズンとなった。開幕から間もない3月、第5節ジェフユナイテッド千葉戦で負傷し、右ひざ前十字じん帯損傷の大怪我に見舞われてしまうのだ。

のちに語られた指揮官の述懐に、深い想いが覗く。

「長くうちにいるしキャプテンだし、薫の怪我は正直大きかった。本人のこのチームに懸ける気持ちが強いことも分かっていたから、僕があれこれ言うのも違うなと思っていた」

およそ7カ月にわたる長期離脱を経て、高山はシーズン終盤に復帰した。キャプテンは率直な胸の内をこんなふうに語ったものだ。

「怪我をしたことでいろんな選手と話せるようになったと思うし、その意味ではコミュニケーションもいつもより取れた。スタンドの上から試合を見る機会はいままであまりなかったから、サッカーのほんとうの難しさも分かった。なにより、みんなに支えられていることをすごく感じた。たぶん怪我をしていなければ感じることはできなかったから、そういう経験ができたのはよかったと思う。戦線を離脱した悔しい気持ちはもちろんいまでもすごくある。でも過去は変えられないし、これからが大事だと思っています」

ポジティブなマインドと芯の強さが言葉に滲む。主将に選ばれるゆえんかもしれない。

ところで、指導者となってからこれまで、キャプテンを決める際は必ず自ら指名してきた曺監督だが、湘南のトップチームを指揮して7年目となる2018シーズンは初めてやり方を変えるかもしれないという。

その心はこうだ。

「自分のなかで2018年は『ALIVE』というテーマがあって、湘南はいい意味で変わることを恐れてはいけない。キャプテンを誰にするか。それによって大事なのは、僕のメッセージが選手に伝わること。でもこのチームの監督になって長い分、メッセージが伝わるならべつにキャプテンを決めなくていいという考えになってきた。みんながキャプテンのつもりでいてほしいという想いもあるし、ゲームキャプテンは置いてもチームキャプテンは決めなくていいかもしれない。これには段階が必要だから最初からできることではないけれど、でもそれができるのがいちばん強いチームかもしれない」

最終的にどうなるかは執筆時点では分からない。ただいずれにせよ、つねにチャレンジを弛まぬ曺監督なのである。

3 2017年のチームとスタイルについて

勝つために自分たちで責任を負い、状況を解決することに目を向けなければいけないチームワークが成長した

Ｊ2に臨んだ2017年、湘南はリーグ1位でシーズンをフィニッシュした。2000年よりＪ2にステージを移して以来、湘南のＪ1昇格は4度目となる。最初は2009年、反町康治監督の指揮のもと、自動昇格圏内（＊当時）のリーグ3位の成績を収め、11年ぶりにＪ1に復帰した。

次は2012年、反町監督からタクトを引き継いだ曺貴裁監督のもと、リーグ2位で同じく自動昇格を果たした。

続く2014年は記憶にそう遠くなかろう。積み上げた勝点101が物語るとおり、他の追随を許さぬ成績でリーグを制した。

曺監督はあるとき、過去のＪ2のシーズンをひもときながら、2017年の違いについてこんなふうに語った。

「僕がコーチだった2009年は、11年ぶりの『悲願』の昇格だった。12年は『勢い』。ようやくたどり着いたJ1から落ち、もう一度エンジンを巻き直して、爆発的な勢いをつけて上がった。14年は『成熟』。勢いよくプレーしていた選手がJ1を経験し、勢いだけでは勝てないと、ゲームの流れを読むことも戦術的にもサッカーの質も含めて、いろんな意味でインパクトを与えて昇格した。そして2017年は、なんて言ったらいいのかな――言葉で言うと『苦悩』なんです。でもそれは悩むというネガティブな意味ではなくて、みんなが目標に向かって真剣に考え、ほんとうに一歩ずつ、半歩ずつ、0・1ミリずつ前に進んだという意味。思考を繰り返した『熟考』のシーズンだった」

そう、2017年はさまざまな苦境がチームのまえに立ちはだかった。「0からのスタート」をテーマに掲げるなかで、開幕早々にキャプテンの高山薫や、2014年から在籍する藤田征也らが怪我で離脱した。

「僕は2014年からいる数少ないメンバーのひとりですし、自分が先頭に立ってやっていかなければいけないという気持ちはすごく強い」チームの厳しい状況に、副キャプテンの菊地俊介はもともと携えている自覚をさらにたくましくした。しかし彼もまた夏をまえにピッチを離れてしまう。

キャプテンだからといって出場が約束されているわけもなく、肩書はメンバー選考とリンクしない。ただ、健やかな新陳代謝を繰り返し、メンバーが活発に入れ替わるチームにあって、掲げた「0からのスタート」というテーマのとおり、湘南のスタイルに初めて触れる選手もいるなかで、チームに長く在籍し、スタイルの成り立ちを知っているメンバーの不在の影響は小さいはずもない。反面、J1に幾度も昇格している近年の実績ゆえだろう、湘南に対する相手の温度は総じて高く感じられた。勝たせまいと対策を練り、かたや湘南の選手には勝たなければいけないというプレッシャーばかりがのしかかる。

シーズン序盤、湘南は上位争いを演じながら、戦いは安定してはいなかった。彼らはつねにゲームの内容を見つめ直し、結果に左右されることなく自分たちに矢印を向け続けた。

メンバーの揃わぬ苦しいチーム状況のなかで、選手たちが個々に育んだものがある。勝負に対する責任だ。自覚と言い換えてもいいだろう。

あるとき指揮官は語っている。

「ふとした空気のときにやられて勝点を取り切れないのは理屈ではない。もう一歩進むためには、勝つために自分たちで責任を負い、自分たちで状況を解決することに目を向けなければいけない」

選手たちの言葉にも自覚が響く。

「薫（高山）や俊（菊池）というふたりの大黒柱がいないあいだ、絶対チームを崩してはいけないという想いは強かった」フル出場を記した副キャプテンのGK秋元陽太は、のちにそう明かした。

2014年の快進撃を最後尾で支えた、当時を知る数少ないメンバーのひとりである。FC東京への移籍を経て、ふたたびチームに復帰した覚悟は相当なものだったろう。主将ともうひとりの副将が離脱するなか、責任感をさらに深め、声とプレーで仲間を鼓舞し続けた。

「自分がチームの勝利への責任を負っていかなければいけない」そう語ったのは、浦和レッズから期限付き移籍で加入して2年目の岡本拓也だった。契約を延長して湘南に残った覚悟とともに、彼もまた主将や副将の不在を受け止め、プレーや態度でしっかり見せなければと自身に矢印を向けた。

混戦模様のリーグのなか、湘南は後半戦に入って間もなく首位に立った。攻撃的な自分たちのスタイルはそのままに、縦が消されるなら一度ボールを落ち着かせ、耐えるべき時間帯と見れば、菊地からキャプテンマークを引き継いだ秋元を中心にゴールを守るディフェンスへとシフトする。選手たち自身がピッチの上でゲームの流れを感じ、共有して、勝利のためになすべきをまっとうした。そうして一度も連敗することなく、上位争いを抜け出したのだった。

シーズンを終えて振り返れば、リーグ最少タイの失点以外、

個人の成績も含めて、突出したデータは見当たらない。相手を圧倒したゲームの記憶も少なく、逆に勝利の記憶は僅差に重なる。

2008年に加入し、昇降格したすべての季節を知る島村毅は、2017年をこんなふうに振返っている。

「今年はギリギリの戦いのなかで一つひとつ勝っていった。どんな相手でも粘り強く守れるようになってきたと思う。もう落ちたくないので、来年への危機感は強い。もっともっとレベルを上げていきたい」

相手が温度高く対策を講じ、難しい戦いも増したなかで、たとえチャンスが少なくともセットプレーでゴールをこじ開け、ピンチに晒されればシビアに守り抜いて勝点3を手繰り寄せる。たとえばそんなふうに、彼らは自分たちのスタイルを懐に携えたうえで、勝つために必要な全方位的な戦いを身に付けた。全体的に「そこそこ」の数値はチームとしての深化であり、湘南スタイルが新たなフェーズに入っていることを感じさせる。

2017年J2第39節ファジアーノ岡山戦、引き分け以上で優勝の決まる湘南は、相手の猛攻に晒されるも島村の語ったとおり粘り強く凌ぎ、1-1として、求める結果に必要な勝点1を手に入れた。ホームのBMWスタジアム平塚に長い笛が響くと、岡本は顔をくしゃくしゃにし、秋元も目を赤く腫らした。そんな彼らの姿が、いかに苦しいシーズンだったかを、いかに強い責任感を抱いていたかを物語っていた。

熟考のシーズンを戦い抜いたチームについて、書監督は言う。

「お互いに言い合えるような人間関係がすごくあったと思う。いままでが悪かったという話ではない。ただ、今年の選手は間違いなくグッドアティチュードだった。チームワークが成長した。だからほんとうに全員でやってきたとあらためて感じた1年だった」

選手一人ひとりの自覚が貴い。さすれば、あえてキャプテンを置かないチームというのも頷ける。それが成し得るのは言うまでもなく、これまでの歩みがあってこそである。

chapter

3

リーダーとは

現役を引退後、指導者の道を歩み始めた曺貴裁監督は、川崎フロンターレのアシスタントコーチやジュニアユース監督、セレッソ大阪のヘッドコーチを経て、2005年に湘南ベルマーレのジュニアユースを、翌2006年よりユースを、監督としてそれぞれ指揮した。2009年からはトップチームのアシスタントコーチ（＊ヘッドコーチに相当）を務め、当時指揮を執っていた反町康治監督を3年間支えた。

そして2012年、指揮官はタクトを引き継いだ。トップチームには猪狩佑貴（現フロントスタッフ）や鎌田翔雅、古林将太、菊池大介、遠藤航ら湘南のアカデミーで指導した選手をはじめ、川崎フロンターレのジュニアユース時代の教え子である永木亮太と高山薫、またセレッソ大阪で指導した古橋達弥（現Honda FC）や下村東美（引退）など、かつてを直接知るメンバーも少なくなかった。

そんなバックボーンを踏まえ、曺監督は最初のミーティングで選手たちに伝えたという。

「コーチから監督になったからといって、なにかを変えてこの仕事を引き受けることは僕のなかであり得ない。電車に例えるなら、これまではいちばん後ろで見ていたのが、いまはいちばん前に立って見ているというだけ。でも着ている服も、出す合図もなにも変わらない。位置が変わっただけで、選手のために、チームのために、というところは変わらない」

一方で、監督としての役目も自覚する。

「選手はみんな試合に出たいと思ってやっているけど、出られるのは11人しかいない。サブを合わせても18人で、ベンチに入れなかった選手はバックアップになる。でも、たとえ試合のメンバーには入れなかったとしても、出るために努力し続けた選手を俺は絶対に見捨てない。グループから外すつもりもない。指導者としてつねに持っているその気持ちを、監督はストレートに伝えなければいけないと思っている。自分がなにをどう思っているかを監督はきちんと発信しなければいけないし、曺さんはこう思っていると、選手がはっきりと分かることが大事」

リーダーに求められるものは多岐にわたろう。本章では、曺監督が示しているリーダーの姿や監督が求めるものについてふれてみたい。

1 〝0からのスタート〟

5段階評価の5と1を付けるのがリーダーの仕事ではない

湘南ベルマーレは2017年、曺貴裁監督の指揮のもと「0からのスタート」をテーマに掲げ、J2優勝にたどり着いた。

シーズンに臨むうえで、指揮官には気を付けたことがあったという。

「これまでチームに長く在籍し、経験値を持っている選手が、戦術の理解度を含めて他の選手をリードするのは当然のこと。でも今年は『0からのスタート』なので、僕自身はいま一度フラットなスタンスでいようと思っていた」

曺監督が初めてトップチームを率いた2012年以降、メンバーは年々入れ替わっている。開幕14連勝や史上最速のJ1昇格などJリーグの歴史を塗り替える成績でJ2を制した2014年を知る選手もいまや、島村毅と秋元陽太、藤田征也、菊地俊介、石川俊輝の5人に限られる。2011年に加入し、柏レイソルへの移籍を経てふたたびチームに戻った主将の高山薫をはじめ、彼ら古参のメンバーも含めて、指揮官はこの年、選手それぞれに対する認識をいったん取り払った。

「たとえば俊介はこんなプレイヤーだと、ずっと見ているからといって決めつけないようにしようと思っていたし、逆に新しく来た選手に対しても、いままでこんなプレイヤーだったということは度外視した。色眼鏡を外し、なにができてなにが苦手なのかを自分の目で見て考えようと思った。だから補強に関しても、選手の特徴を決めつけて足りないところを補うようなやり方ではなかった。それは僕なりに挑戦したつもりです」

象徴的な例が、第1章でも触れた山根視来のセンターバック起用である。ルーキーイヤーの2016年、リーグ戦に一度も出場できずに燻っていたサイドアタッカーは、2017シーズンのスペインキャンプのトレーニングマッチで3バックの左を初めて任されると、仲間とともに、こまめなラインコントロールをまっとうした。

慣れないDFのポジションに、当初は守備のタスクに追われたが、徐々にドリブラーとしての特徴を開放した。最終ラインからボールを運び、ときにペナルティーエリ

アに進出するなど、山根は湘南の一翼としてチームの攻撃的なスタイルを喚起した。

「5段階評価の5と1を付けるのがリーダーの仕事ではない」曺監督は言う。

「評価される側と評価する側に分かれてはいけないと僕は思っている。同じ目的を果たすために、僕は方向性を示すひと、選手はそれを実行するひとと、たまたま基本的な役割が分かれているだけで、どうしても監督が強くなってしまうものだけど、選手にも監督やコーチを評価する権利がある。今季はあらためてフラットなスタンスを意識して一人ひとりを見ようと思った」

チームにおいて、選手と指導者はもちろん立場が違う。ただ、曺監督のスタンスに照らせば、立場はそれぞれ違っても、共通の目標のもとでは選手も指導者も同じ線上にあると捉えられる。指揮官の言動に見出せるこのスタンスは、べつの場面や言葉からも垣間見える。

2 選手に学ぶ意識

なにも言わないでやらせたほうが選手は伸び伸びできる

2016年、湘南ベルマーレはJ1に臨んでいた。初めて残留を果たした前年に続く挑戦だったが、しかし開幕から勝利は遠く、黒星が先行する厳しい戦いが続いていた。

5月のある日の練習後、曺監督は口にした。それは指導者としての猛省だった。

「勝とうという意識が強すぎて、可能性が低いのにシュートを打ってしまうなど、相手のコートに入ったときに慌ててしまい、プレーを成立させずに終わる場面があった。それはたぶん僕がこうしろああしろと言い過ぎて、選手が考えすぎてしまい、プレーに余裕がなくなってしまった部分も絶対にあると思う。なにも言わないでやらせたほうが、選手はじつは伸び伸びできることを僕自身が忘れていた。選手を成長させようとは思っていたけど、選手から学ぼうという意識はここ最近なかったと気付いた。それはすごく情けないです。監督は選手同士が信頼関係をつくれるように持っていかなければいけない。でも選手のなかで、プレーの基準が監督の言うことをやるかやらないかになっていると、選手同士の絆やパワーは生まれてこない。ほんとにすごく情けないです」

そんなふうに練習中に思ったのは、指導者になって初めてだという。

選手を成長させようという意識と選手から学ぼうという意識がイコールでなければいけない

さらに曺監督の猛省は続く。

「選手を成長させようという意識と選手から学ぼうという意識がほんとうはイコールでなければいけないのに、成長させようという意識が10になると、指導する側は『これをしてはダメ』『こうしなさい、ああしなさい』と必ずなる。『彼らはこういうことができるようになったんだ』という目が監督にないと、選手は勝ち負けだけを気にしてプレーに余裕がなくなってしまう。その空気は僕がつくったこと。そういう基本的なところに僕自身がきちんと戻ってやれていなかった。

選手に責任を押し付けたつもりはまったくないし、そんなふうに思ってないんだけど、選手のことをもっと知り、選手から学ぼうと俺はしていたか、自分はほんとうに謙虚だったかと思った。できないことを前提として、こうしないとできないよと選手に言っていた。結果的に選手を大人としてきちんと扱っていないことに繋がるし、相手側の立場に立って物事を見られていなかった。べつにそういうつもりで言ったわけではないけど、でも結果だけを見たら絶対そう。選手に生き生きとさせてあげられなかった理由はある。はぁ……つらい。情けない」

思い出されるのは2014年、湘南ベルマーレのホームタウンで活動する指導者向けに開催された講演会である。指揮官はその席でも「選手から教わるスタンスを忘れずにやっていきたい」と語り、こんなふうに明かした。

「これでいいのかなと、いつも思っている。誰でもブレる。選手も勝てないと疑心暗鬼になる。でも、人生はいつもうまくいくものではないとお互いに分かっていればブレない」

3 率直に謝る姿勢

僕自身が選手をきちんと信じ、リスペクトして送り出せていないのは問題じゃないですか。そのことに気付いて彼らに謝った

付随するだろう。さらにさかのぼること２０１５年、曺監督の指揮のもと、２０１３年に次いで２度目のＪ１挑戦となったシーズンの出来事である。

チームには主将の永木亮太や生え抜きの遠藤航、ＧＫ秋元陽太など、前年のＪ２優勝に貢献したメンバーが残っていた。開幕から２勝１分１敗と上々の滑り出しを切ったが、しかし４月に入り、第５節から３連敗を喫してしまう。

初めてＪ１残留を果たしたこの年、のちに振り返った際に、指揮官は連敗を止めた第８節サガン鳥栖戦の勝利の重要性に触れている。

「すべては鳥栖戦です。３連敗したあとのあの試合に負けていたら、おそらく今年の結果はなかったと思う。それぐらいあの試合はすごく重要だった」

3連敗をひもとくと、FC東京に0－1、ガンバ大阪に0－2で負けていた。だが、たとえばFC東京戦後に「負けたのが信じられないぐらいの感じ」と菊地俊介が口にしたように、試合内容はいずれも否定されるものではなかった。むしろFC東京戦では、コンパクトなラインやタフな球際を背景にボールを奪う守備から攻勢に転じるなど、自分たちのよさを発揮しながら相手の特長を封じていた。続くガンバ大阪戦でも球際やセカンドボールで優位に立ち、長くを相手陣内で展開した。だがトップリーグで上位を争う相手は、湘南の攻勢を凌ぐと、次に訪れたワンチャンスをしかと得点に結び付けた。

そのときの胸中を曺監督は明かす。

「内容的にやられている感じはなかった。でもやはり最後の局面やセットプレーの流れなどのちょっとしたところで失点し、相手に時間を使われて取り返せない。彼らとの差をこれ以上どう詰めるのかと、僕自身がすごく空しくなってしまった」

2連敗のあと、次の横浜F・マリノス戦を迎えるにあたり、指揮官はテコ入れを図った。シンプルに言えばそれは、前から行き過ぎないということだった。だが、すると湘南らしさが色褪せ、相手の老獪なポジショニングもあってプレッシャーがかからず、ボールごとゲームを握られてしまう。立ち上がりと最終盤にゴールを奪われ、ときに反撃に出ても堅守に阻まれて、結果0－3と、内容的にもスコアでも完敗した。

4月下旬、スケジュールはゴールデンウィークの過密日程に差し掛かっていた。次の鳥栖戦が中3日で迫るなか、トレーニングに向かう車中でふと指揮官は思った。

「試合の次の日の朝、事務所に向かっているときになんか違和感があって。なぜうちの選手はこれまで頑張ってやってきたのか。J1に上がり、自分たちはこのサッカーで勝てる、やれるという手応えを掴みたくてみんなここでやっているんだよなと、ふっと我にかえった。そんな彼らを俺はきちんと信じてなかったなと思ったんだよね」

クラブハウスに着くなり、指揮官はコーチングスタッフを集め、謝罪した。同じく選手にもミーティングで頭を下げた。

その心はこうだ。

「選手を信じて送り出していなかった。もちろん送り出すときはそんなふうに思ってないですけど、でもあとになってそう思いました。ああだこうだ言う以前に、僕自身が選手をきちんと信じ、リスペクトして送り出せていないのは問題じゃないですか。そのことに気付いて彼らに謝った。それでもう一度、チームの一体感やチームに対する想い、選手に対する僕の気持ちを話して、みんなでまとまってやっていこうとあらためて確認した。鳥栖戦はそういう瞬間のゲームだった」

迎えた一戦、彼らは果たして鋭い出足とともに走力やボールに対する執着心や縦に速い攻撃といった自分たちのベースを表し、4-2で勝利した。原点に立ち返って内容と結果を手にしたこの戦いを節目に、その後チームはＪ１残留へと向かっていく。

監督＝監督、社長＝社長ではない

選手に謝ることに付随して、曺監督はあるとき、リーダーについての自身の考えをこんなふうに語っている。

「選手に悪いことをして謝らないのはおかしい。役職や立場でひとは変わるわけではなく、リーダーだから権限がある。監督＝監督、社長＝社長ではない。監督に相応しいから監督に、社長に相応しいから社長になる。リーダーの資質がしっかりあるからリーダーと呼ばれるのであって、役職が先に来て、資質がないのにリーダーを名乗っているひとは、僕のなかでは真のリーダーではない。僕はべつにリーダーになりたいわけではないけど、そういう立場になったら、いろんな意味でリーダーとしての資質を高めるために自分を磨き、我々のように監督だったら選手に働きかけていかなければいけない」

指揮官はさらに続けて、選手の心中を慮る。

「選手は試合に出られないこと、評価されないことがつらいのではなく、『監督は自分に興味がないんだ』と感じた瞬間が最もつらい。社員も同じ。なにをやっても怒られず、なにをやっても褒められない。ただいるだけ。僕は選手にそういう思いをさせたくない。子どもに無関心な親は基本的にはいないでしょう？　それと同じ。だから俺は『無関心』という言葉は嫌い。無関心のほうが楽なところってあるじゃないですか。関心を切ってしまえば、そのひととなにもつくらなくていい。でも『あのひと勝つことだけで、選手にはまったく無関心なんだよね』というリーダーは、僕のなかでありえない。生きてるってそういうことでしょう」

4 監督とは

『曺さんらしい』が最大の褒め言葉

曺監督はかつて、2009年より反町康治監督のもとで湘南ベルマーレのトップチームのアシスタントコーチ（＊ヘッドコーチに相当）を3年間務め、2012年にタクトを引き継いだ。

　肩書が変わったことによる変化について、章の冒頭でも触れたとおり、指揮官は当時こんなふうに語ったものだ。

「コーチから監督になったところで何かを変えてこの仕事を引き受けることはありえませんでした。選手たちはみんな試合に出たいと思ってやっているけど、出られるのはサブを合わせても18人しかいない。でもバックアップだとしても出るために努力し続けた選手を俺は絶対に見捨てないし、外すつもりはないという話をしました。変わったとしたら、指導者としてつねに持っているその気持ちを監督はストレートに伝えなければいけないと思っています。電車で言えば、これまではいちばん後ろで見ていたのが、いまはいちばん前に立って見てる。でも着てる服もやる合図もなにも変わらない。位置が変わっただけで、選手のために、チームのために、というところは変わりません」

べつの折には、こうも語っている。

「僕が監督になった瞬間に〝ウィズユー〟のスピリットとか、人に思いやりを持てと言ったところで、聞き手にしてみたらなんの説得力もない。僕は生き方において説得力というものがすごく大事だと思っている。采配が上手いと言われてもうれしくないけど、曺さんがそう言うならそうなんだと、『曺さんらしい』が最大の褒め言葉。おまえらしいサッカーをしているなと言われることが僕にとってはいちばんうれしい」

選手がなにを感じているかが1で、監督がやりたいことは2

2014年に開催された、地域で活動する指導者向けの曺監督の講演会がふたたび思い出される。さまざまな具体例を引用しながら語られた指導は、当然ながらシチュエーションに応じて変化する。Aの出来事に対してはA、Bの事象についてはBと、対応はマニュアル化できるものではない。同様の出来事でも、ときには真逆のアプローチもあるかもしれない。

そんな指揮官の指導論の根底に感じられたのは、選手との信頼関係だった。極端に言えば、互いの信頼関係が育まれていれば、仮に答えが変わっていたとしても、受け手はきっと相手の意図を理解し、受け止めることができる。指揮官の言う説得力にも通じよう。

選手とともにつくっている湘南スタイルは、まさしく「曺さんらしい」サッカーと言えるだろう。「そこに乗っかってはいけない。もっと磨き、もっとつくっていかなければいけない」そう前提したうえで、指揮官は言う。

「システムが変わったり、人が代わったりすれば多少変わるけど、根底のものは変わらない。僕はそういうひとでいたい。ITが進んで世の中にロボットが当たり前に普及したとしても、ロボットにきちんと説明できるひとでいたい。生きるってそういうことだから」

そして少し照れ笑いを浮かべながら言った。

「――だから、うちの選手がそういう俺を見て、そうなんだと共感してプレーしていることが最大の喜びかな。いや、そんなのどうでもいいと思っている選手もいると思うけど、でもうちはそういう大切さを日に日に理解する選手が多い」

べつの折、指揮官は、やりたいサッカーと観たいサッカーを同じにしたいと語ったことがある。それはこういう意味だ。

「監督が言うことを選手がやる。だけど僕からしたら、選手がなにを感じているかが1で、監督がやりたいことは2。やりたいサッカーは選手やチーム、国によっても違うものだけど、究極の僕のやりたいサッカーは、『これおもしろい』と、選手たちが自らの判断でやりたいと思えるサッカー。選手が答えを持っている。そして選手がそう思えるサッカーは、理屈抜きに誰もが観たくなるはず」

勝利の遠かった2016年、おまえら引くかと曺監督が訊ねたときに、選手たちは首を縦に振らなかった。指揮官が監督に就任してから一貫して投げかけ、なにより選手自身がやりたいと望むサッカーを、湘南は育んでいる。

5 勝っていたら起こらない議論

リーダーは勝ち負けを基準にして言うことを変えてはいけない

Ｊリーグでも日本代表でも、試合に敗れた際に選手の起用法やメンバーを敗因に結び付けられることは少なくない。ただ、往々にしてそれは負けたから語られるもので、結果が逆に転がっていれば、その限りではないだろう。

「勝っていたら起こらない議論に対して、いちいち僕が同じ物の見方で話をしていたら監督は務まらない」曺監督は言う。

「普段から選手たちと付き合っているなかで、彼らが結果を出すためにやっていて、自分に目を向けて頑張っているけど実力が足りずに結果が出ていないと受け取れる部分に対して、頑張りが足りないとか、ヤル気がないとか、もっとシュート練習しろとか、そういう話でないことは僕がよく分かっている」

結果に依らず、内容に目を向ける。同様の文脈で言えば、勝ってもよしとしないことが曺監督はよくある。2014年などは端的な例だろう。史上最速でJ1昇格を決め、J2優勝を果たすまでわずか1敗しなかったほど勝ち続けたチームに、しかし指揮官は折に触れ厳しい言葉を投げている。たとえば2014年8月31日J2第29節モンテディオ山形戦、3-1と表面的には快勝に映るスコアの試合後も、指揮官の表情は険しかった。足先のプレーなど、自分たちの100%を出し切らない姿が選手たちに見受けられたからだった。それでは個人の成長もチームの上昇も望めない。

果たして試合後のロッカールームには指揮官の厳しい声が響いた。

「おまえらロシアのワールドカップに出ようといま思っているか？　J2で1位だからって、俺からしたらたいしたことないぞ！」

そう、全力を傾けるべきは目の前の一戦だが、指揮官の視線は彼らの未来に向けられている。選手としてどこを目指しているのか。ワールドカップに選ばれてもらいたいと強く願っているなかで、そのプレーの基準でいいのか。曺監督の言葉に、親心にも通じる教え子への想いが滲む。

逆の見方をすれば、内容に厳しく目を向けるそうした日々が、2014シーズンの圧倒的な成績をもたらしたと言えるだろう。

曺監督は言う。

「リーダーは勝ち負けを基準にして言うことを変えてはいけない。勝った負けたの責任は監督が取ればいいだけで、勝っていても大事なことができていなければ言うし、負けていてもやろうとしているのであれば認めてやりたい。甘いかもしれないけれど、僕のなかではそれ以上でもそれ以下でもないんです。自分が監督であるかぎりはそういうふうに選手と付き合いたい。その気持ちはいまもまったく変わっていない」

日本が世界に出て行くために

J1に臨んだ2015年のシーズン中のことだった。「日本は走行距離やスプリントがあってもブンデスリーガと比べて勝点3を取る確率が低い」という旨の記事が伝えられた。湘南を指したものだった。

「おっしゃっていることは正しいと思いますが…」

指揮官はある試合後の会見の席で静かに語った。

「だからといって走るのをやめるのか。我々が縦に行く推進力をなくすわけにはいかない。僕も全部を見たわけではないが、世界のどの国もどのフットボールもゴールに向かうプレー、ゴールに繋がるプレーを大事にしているなかで、そういうふうに言われていることに僕は非常に寂しい想いがあるし、勝点3を取る確率を上げ、みんながその大切さを感じ取れる試合を増やしていきたいと思っている。まだまだ足りないところはたくさんあると思っているので、世界に一歩でも近づけるようなアプローチをし続けたいと思います」

とかく湘南は、個の能力を走力で補うと語られがちだ。対して曺監督は、ほんとうの意味での技術の必要を説きながら、こうした論調に疑問を投げかける。

「走って技術不足を補うという論調が日本のなかにまだ存在するのかとすごく疑問に思う。技術とはなにか。疲れていないときに持っている技術と疲れたときに持っている技術のどちらが本物なのか。サッカーはボールを扱うスポーツなのだから、走る・走らないよりもそちらを論じるべき」

走るチームが勝てないといった単純な話ではない、と続ける。指揮官の言葉に、日本と世界の根本的な違いが浮かび上がる。

「日本には走らないチームと走るチームという2つの前提がありますが、世界的にはその前提はない。両者とも同じように走れるという前提の戦いのなかで、ほんとうに効果的に走っているのはどちらだったかと評価される時代が必ず来る。その意味では、走行距離自体はそれほど重要ではない。お互いに120キロ走れるポテンシャルがあるなかで、5キロ多く走ったほうが勝った、という試合にはならない。そういうチーム同士の戦いなら、結果的に走らなかったほうが勝つことはある。つまり、走行距離が勝敗には繋がらない」

「だから走るか走らないかということを論じるよりも…」

指揮官はさらに言葉を重ねる。

「日本が世界に出て行くために、Jリーグがあるなかで、どういうサッカーを志向すべきなのか。たとえばワールドカップで息を切らさずに終わる試合があるのか。勝つためにならないことは極力改善すべきで、走れないより走れたほうがいいし、技術がないよりもあったほうがいい。相手のミスを待って下がり、走行距離もスプリント回数も抑えてゆっくり攻めていたら世界のサッカーには追いつけない。湘南はただ走っておもしろいということではなく勝つためにやっている。逆に、僕らがまったく走らずにつまらない試合で勝ったとしたら、今日おもしろくなかったな、こんなサッカー湘南じゃないよなと思うベルマーレのサポーターが、5年前10人だとしたら、いまは100人、もしくは1000人いるはず。勝ったからいいということではないと、この地域のひとたちには以前よりも伝わっていると思います」

ことに湘南は、勝てば走力を称賛され、負ければ走るだけでは勝てないと語られがちだ。プロは結果の世界と承知のうえで、しかし彼らが、指揮官が、自分たちのスタイルに忍ばせている想いはできるだけ多くに知ってほしい。

6 マネジメントに大事なこと

選手がどう感じるかがマネジメント

ときに厳しく語られる指揮官の言葉には、自身の想い以上に込められているものがある。たとえば、自分たちのよさを出せずに勝った試合があるとする。それを受けて指揮官が、「苦しい展開のなかでも勝てた。いい勝点3だった」と内容を肯定したときに、「そうだよな」と選手もそれに寄りかかってしまうことが予想されるなら、その言葉は絶対に言ってはいけないと語る。逆に、たとえ指揮官が肯定しても、「いや、まだまだ俺らは力が足りない。こんなんじゃダメだ」と、選手がそう思えるなら言ってもいい。

「つまり自分の話を聞いて選手がどう感じるかがマネジメントだから、自分がなにを言うかは関係ない。選手が話を聞いたあとにどう感じているかを予想することが大事で、だから無視することも、たくさん喋ることもマネジメントだし、練習する・しないもマネジメント。自分がそうしたいからではなく、相手がどう感じるかを予測して部下に接するのはリーダーとして基本的なこと。だからリーダーや監督として上に立ったときに、『自分はこう言ってるのに選手が変わらない』という考え方は間違っている。変わらないなら変われるように、選手が成長できるよう、チームがよくなるようにアプローチするのがマネジメント」

2017シーズン、湘南ベルマーレは14年に次いで2度目のJ2優勝を果たした。だがシャーレを掲げるまでには、指揮官のもと、ゲームの内容を見つめては都度修正し、自分たちの軸に戻る地道な歩みがあった。

たとえば、印象に残る出来事のひとつが、後半戦に入って間もない第24節モンテディオ山形戦だ。首位に立った安堵もあったのか、湘南はゲームの立ち上がりから積極性を欠き、勝利に飢えていた相手に球際で後手を踏んだ。0－3と、能動を欠いた敗戦に、翌週のオフ明けはさながらキャンプのようにビーチトレーニングで追い込んだ。

「120％の負荷を自分たちにかけ、そのなかで我慢したり状況を読んだりすることが基本だという意識付けとしてやった」のちに指揮官はそう明かしたが、一方でマネジメントの観点からこうも語る。

「なぜビーチで練習するのか、僕が言わなくても選手が意図を理解するためにビーチへ行った。だから、べつにビーチに行くこと自体が大事なわけではない」

自分のほんとうの姿を相手に見せられることがマネジメントの基本

全体練習を終えたあとのピッチで、あるいはトレーニングの前後、クラブハウスとグラウンドの行き帰りの道すがら、曺監督が選手と話している光景を見ない日はない。複数の選手と和気あいあいのムードのときもあれば、1対1で話し込んでいるときもある。

選手との対話について、指揮官は言う。

「曺さんはよく選手と話すと言われるけど、話す必要があるから話しているだけ。話す必要がなければべつに話さなくていいし、人間としてきちんと付き合えばいい。僕も間違えるし、選手も間違える。間違えることは悪いわけではないけど、間違えから目を背けるのはよくない。だから僕は、自分のミスしても下を向かない選手には必ずチャンスを与えるけど、ミスしたときに人のせいにして、自分のミスと向き合わない選手は絶対に使わないと伝えている」

そして、「チームというものは、リーダーが嫌いなことを選手が同じように嫌いになればいい」と語る。

「たとえば挨拶しないことを嫌う監督がいるとして、でも選手は挨拶なんてどうでもいいと思っているとしたら、僕からすればそのチームは弱い。リーダーと同じ雰囲気が選手にも出たほうがよくて、挨拶しない人は嫌いだと監督が言ったら、選手も自然に嫌いになっている、それがチーム。でもクロスを上げるかシュートを打つか、もちろんプレーは選手自身が判断して選べばいい」

興味深い仮定がある。たとえば病気や怪我でトレーニングを休んだ選手は、基本的に週末のメンバーには入らない。仮にメンバーに入れ、仮に活躍したら、練習していなくても試合で結果を出せばいいという認識にチームがなってしまう。

「だからそういうところを変えてはいけない」曺監督は言う。

だが一方で、そういう選手をメンバーに選ぶなということではないと、指揮官は続ける。

「今回はこの選手のこの武器がどうしても必要なんだと、みんなは納得できないかもしれないし、矛盾したことを言ってると思うけど、俺は勝つためにその選手を選ぶと、必要ならはっきりそう言えばいい。そのときに嘘っぽいことを言うとチームはダメになる。指揮官はそこに強さがなければいけな

い。自分は矛盾しているし、一生懸命やっている選手は誰も納得できないと思う、でも勝つために必要なんだと率直に言えばいい。そこで違うことを言うのがいけない。マネジメントなんてそんな難しいことではない。自分のほんとうの姿を相手に見せられることがマネジメントの基本なんだから」

2014年に開催された指揮官の講演をふたたび思う。選手とまっすぐに向き合い、かっこつけずに己の弱さも間違いもすべて認め、謝ることも厭わない。「曺さんらしい」その揺るがぬ姿勢が選手との信頼関係に結ばれる。その指導はやはりマニュアル化できるものではない。

column

指揮官のプレッシャー

自分たちのスタイルを築き、実績も重ねているクラブの歩みのなかで、選手の出入りは近年とみに活性化されている印象を受ける。10年間Ｊ２にとどまった過去を思えば、Ｊ１昇格とＪ２降格を繰り返している現状は、成長のポジティブな途上と言えるだろう。スカウトの弛まぬ努力とともに、有名無名の別なく将来有望な若い才能がクラブの門を叩くケースが格段に増え、かたやＪ１の強豪クラブからもコンスタントにオファーが届くようになった。彼らが志向する育成型クラブとしてのサイクルが健やかに循環されつつある。

さかのぼって２０１４年のシーズンオフのこと、遠藤航にオファーが届いた際のある出来事が印象に残っている。最終的にチームにとどまることを表明した遠藤について、残ってくれてよかったですねと口にした筆者に、曺監督は言った。

「そうやって選手が評価されるのはすごくありがたいこと。ただ、移籍して挑戦しようという気持ちと、ここに残ってプレーしようという気持ちを比較して、選手がうちに残ってくれたことは、『ありがたい』で終わってはいけなくて。その選択は彼らの人生にとって大きいことじゃないですか。それに対して、『あなたがうちに残ったらこういうサッカーでもっと成長できる土台があるよ』

ということを選手が感じてくれないと、俺は彼らに申し訳ない。彼らのその想いに応えることを俺は監督としてやっていかなければいけなくて、だからそういう気持ちや緊張感は自分のなかでさらに高まりました」

チームの結果と選手育成の実績から、曺監督のマネジメントに注目が集まるのは当然のことだろう。反面、このとき語られた言葉に指導者としての芯を垣間見たものだった。

いつだったか、育てられなかったらヤバいと、誰に言うでもなく呟いたこともあった。またべつの折には、喩えを交えてこうも語っている。

「選手はここで成長したいという気持ちを持って湘南に入ってくる。色で言うなら、黒でもグレーでもなく、白をやりたいと思って来ている彼らに対して、勝点を取るために白ではなく黒だと言うことは、僕のなかでは指導者として犯罪に近い」

選手を育てるそのたしかな手腕は、いまや日本のサッカー界に広く聞こえていよう。だが日の当たる仕事ぶりのその陰で、選手の未来を預かる身として、人知れぬ重圧を抱いていることもまた事実である。「育てるプレッシャーはいつもある」と、あるとき語られた言葉が耳に残る。

chapter

4

たのしめてるか。

ゲーム形式のトレーニングだったと記憶する。

「楽しそうにやっているチームは得点アップ」

指揮官はある日のメニューにそんなルールを付け加えた。

それ自体はリラックスの要素も含まれていようが、第1章の「トレーニングの考え方」でも触れたように、「楽しむこと」は曺貴裁監督が選手に求める大切な要素である。願いと言い換えてもいいかもしれない。

ときは2017年、首位に立って間もない夏のことだった。くだんのルールの意図を指揮官はこんなふうに語っている。

「この順位だからいろんなものに捉われて力を出せなくなるのではなく、この順位にいるからこそ選手が心底楽しいと思えるような練習をあらためてしたかった。勝つことと選手の成長の比率は、70と30ではいけないし、49と51も違う。勝つことと選手の成長はほんとうに50－50で推移しなければいけない」

ちょうどこの頃、クラブのアカデミーのスクール生の募集に関する説明会が行なわれた。説明に立った曺監督は、未就学児や小学校低学年の保護者と接し、あらためて思うところがあったという。

「子どもには楽しく充実した人生を送ってほしい。親御さんのそんな願いを考えたときに、僕もそういう気持ちにならないといけないなとあらためて思った」

だから選手たちにもいま一度、根本的な話を伝えている。

「走らないと試合に出られないとか、走らないと勝てないというのは、ある意味合っているけど、ある意味では間違っている。自分の特徴やアドバンテージ、ストロングポイントを出したうえで走ることが付いてくるのが大事で、チームのためにとにかく走るというだけではほんとうはいけない。『勝つために』ということを忘れるなと俺は厳しく言ってるけど、一方で、おまえたちを伸ばしていかなければいけない。ただ俺の指示を聞き、勝つことだけに満足するのではなく、この状況だからこそ、もう一度サッカーを始めた頃のベースに立ち返り、ボールをもらいたいという気持ちでプレーしてほしい。俺もそれを求めている」

首位に立ち、プレッシャーがのしかかってきてもおかしくない状況にあるからこそ、サッカーを楽しむこと、彼らの原点の大切さを指揮官は説いた。仮に連敗していたとしても同じことを言っただろうと、のちに回顧している。どんなときもサッカーを楽しんでほしいという、親心にも通じる曺監督の選手への想いに違いない。

付随して指揮官は「タスク」の危険にも触れた。

「『タスクをこなす』というのは、やらされるというニュアンスに近いから、すごく危ない言葉でもある。仕事にはタスクをこなすという側面もあるけど、それは円の中心ではない」

クラブのスローガン「たのしめてるか。」を思う。

たとえばJ1に臨んだ2015シーズン、湘南ベルマーレは総走行距離、総スプリント回数ともにリーグ1位を記録した。「選手が楽しそうにやっているかどうかという基準はすごく大事」そう指揮官が語ったように、データによって証明されたチームの躍動は、選手たち自身の内的モチベーションに理由を辿れるに違いない。

たのしめてるか——ピッチにはつねに大切な問いがある。

1 楽しむこと

この状況でもサッカーを楽しんでやれるかどうかが大事

2016年、前年に次いでJ1に臨んだ湘南ベルマーレは、苦しいシーズンを送っていた。川崎フロンターレやサンフレッチェ広島といったリーグでも指折りの強豪と好ゲームを演じ、一時はリードを奪いながら、後半アディショナルタイムに追いつかれるなど勝ち切れない。ルヴァンカップでは白星を手にするも、リーグ戦初勝利は4月末の第9節横浜F・マリノス戦まで待たなければならなかった。

初勝利に続き、翌10節のサガン鳥栖戦でも勝利を収めた彼らは、しかしその後3連敗を喫してしまう。

それから間もない日のことだった。「この状況でもサッカーを楽しんでやれるかどうかが大事」指揮官はそう選手たちに語りかけた。

「みんなには申し訳ないけど、試合にはもちろん18人しか選べない。でも、おまえたちが毎日どんな姿勢で練習をやっているか俺は分かっている。試合を観に来てくれたひとたちが勝利を期待しているなかで、我々は後悔のないよう限界まで挑戦し、生き生きとした顔で頑張ってプレーする。そういう観たひとに感動してもらえるようなゲームを少なくともしなければいけないよな」

J1での実績を重ねつつある近年、ピッチに描くスタイルも世のなかに浸透し、周囲の見る目も変わってきた。もちろんそれは、トップリーグに上がらなければ経験しえなかったであろうポジティブな変化で、クラブの発展のプロセスにおいても不可欠な道のりだが、一方で戦う選手たちには、期待値も含め、人知れず重圧となる。

指揮官は気になっていた。勝たなければならないプレッシャーのせいで、彼らがパスを繋げるのにクリアに逃げてしまうことが。落ち着いてボールをコントロールすればいいものを、不必要に慌ててしまい、いつもどおりのプレーができないことが。

だから言う。

「プレーが小さくなっているというか、やらなければいけない、もっと見せなければいけないという気持ちがどこか焦りを生んでいる。そんなことに引きずられてプレーのクオリティが変わるのはくだらない。でもそれを乗り越えればこの経験がよかったと思えるし、そのプレッシャーをいい意味で取り除いてやりたい」

マストではなくウォントの欲求が出てこないと最後のところで結果を出せない

同じ年のべつの折、指揮官はドイツカップ1回戦で2得点を挙げたドルトムントの香川真司の言葉を引用しながら、こんなふうに語った。

「点を取ることを目標にしているわけではなく、何回もパスを出して（ゴール前に）入っていくことを大事にしているという彼のコメントを読んだ。それはまさしくプロセスの話で、やはりプレッシャーに負けてプロセスをおざなりにしてしまうのは本末転倒だし、彼はドルトムントでレギュラーを取る、もしくは結果を出すプレッシャーを当然感じている。サッカー選手であるかぎりプレッシャーのない環境は絶対ないわけで、プレッシャーに打ち勝つというよりプレッシャーがあるものだという前提のなかでゲームをしなければいけない。その意味では、『負けてはいけない』ではなく、『勝ちたい』『走りたい』『ボールを奪いたい』『シュートを打ちたい』といった、マストではなくウォントの欲求が出てこないと最後のところで結果を出せない。そこはチームにとってすごく大事」

どんなときもサッカーを楽しんでほしい。結果が伴わない苦しい季節だからこそ、選手に傾ける指揮官の想いがいっそう映えた。

2 夢中になること

努力は夢中に勝てない

仕事を例に、あるとき語られた曺監督の考察が興味深い。それは以下のようなものだ。

たとえば自分の望みとは異なる仕事に就いたとき、何時に行かなければいけない、なにをしなければいけないと、ひとは最初、「義務感」で働く。だが義務感だけではおもしろくない。そこから一歩レベルが上がると、もっと工夫しようと「努力」する。

努力の次は、「好きになる」ことだ。最初は義務感に駆られていたが、やがて努力し、さらによりよくなるよう知恵を絞ったり、いろんなことにトライしたりする。

そして、最上級は「夢中」である。

2017年のシーズンも間もなく折り返そうかという頃、指揮官は言った。

「前から行って90分走り切るノンストップフットボールをやることを義務に思う選手もいるだろ

うし、はじめはできない選手もいる。でも、最初は義務感でやっていたかもしれないけど、そこで努力し、好きになってきた選手もたくさんいる。最終的にはみんなが夢中にならなければいけなくて、そういう夢中感のある試合もだいぶできるようになってきた。勝ち負けではない。努力は夢中に勝てないんだよ」

第39節ファジアーノ岡山戦を思う。

引き分け以上で優勝が決まると分かっているなかで、湘南は先制したものの、その後、相手の激しい反撃に晒された。岡山もまた勝たなければＪ１昇格プレーオフ出場の可能性が潰える瀬戸際に立たされていた。

湘南は終盤失点し、１－１と追いつかれ、さらなる猛攻を浴びた。だが、それ以上は譲らなかった。ゴール前に大挙された場面でも、全員で体を張り、最後まで守り切った。

くだんの混戦で文字どおり身を挺した岡本拓也は、のちに振り返っている。

「いろんな選手にめちゃくちゃ蹴られましたけど、絶対やらせないと思いました」

彼らは、勝つことに、結果を掴むことに、夢中になっていた。

3 湘南スタイルの根本にある考え

選手にサッカーを通じて生き方を教えていけるかどうか

降り注ぐ日射しは季節を忘れさせるほどに暖かい。2012年1月、監督となって初めてキャンプを張った宮崎は日南の地で、曺監督はサッカーに対する自身の考えをこんなふうに語った。

「サッカーというボールゲームを考えたときに、攻撃、守備、切り替えの3つのシチュエーションしかないなかで——これはコーチとしてというよりも僕の人間的な資質によるものだと思うけど——ボールを持ったときになにかしようと、攻撃のことだけを考えるのはあまりにも楽をしすぎではないかと思う。なぜなら、ボールを取らなければ始まらないから。人生と一緒で、チャレンジしてなにかを得ようとしないかぎり次には進めない。だから自陣に下がって相手のミスを待つような戦い方はすごく嫌なんです」

追い求めるサッカーは自身の生き方に重なる。「楽しくなければいけない」曺監督は言う。

「観ているお客さんや自分と関わるひとに楽しいと思ってほしい。僕がブンデスリーガを好きなのも楽しいから。言葉にすると軽く受け取られるかもしれないけれど、楽しむことは僕のなかですごく大事にしている」

彼らには『サッカー楽しいな』と思ってプレーしてほしい

ヴィッセル神戸で現役を終えると、曺監督はケルン体育大学に留学した。

「いろんなことを考えた。あの2年間は僕にとって大きかった」

そう振り返るドイツ留学以降、年に一度のペースでかの地へ足を運んだ。

彼らと日本人の大きな違いは、楽しんでいるか楽しんでいないかだという。

「日本人にはどこかやらされているような空気を感じる。すべてを否定するつもりはないし、試合に出られなければクビになるかもしれないと不安になる気持ちも僕自身選手だったから分かる。ただ、ドイツ人は、たとえばサッカーをやりながら、ファミリーも恋人も社会も大事にして人生をエンジョイしている。それはサッカー人だけでなく一般のひとも同じ。人生は本来そうあるべきだと思うし、人生を楽しんでいくという前提は日本でももっとつくらなければいけない。『今年は若手が多くて楽しみですね』と言われるけど、彼らにサッカーを通じてそういう生き方を教えていけるかどうか、すごく責任が重いと思っている。試合の勝ち負けよりも怖い」

そして言った。

「選手はみんなサッカーを楽しんで成長し、プロになった。やらされてきたからではない。だから彼らには『サッカー楽しいな』と思ってプレーしてほしいんです」

監督就任1年目のシーズン初めに語られた言葉が、ときを経ても色褪せることなく響く。指揮官の根底に貫かれた想いをあらためて思う。

4 「This is football」

選手の名前を分かってもらえるような試合

2015年5月、J1第1ステージ第13節、ホームの湘南は立ち上がりから清水エスパルスに押し込まれていた。だが相手の決定機もGK秋元陽太を中心に粘り強く阻み、前半をスコアレスで折り返すと、彼らは後半一気にたたみかけた。菊池大介による52分の先制点を皮切りに、永木亮太、さらには高山薫が2ゴールで続き、4－0で勝利した。

試合後、曺監督は言った。

「武骨ですけど、前方を意識しながら後ろからどんどん越していき、そこでまた切り替えて蓋をする。我々の基本的資質というか自分たちの本流というか、どのメンバーが出ても、どういう状況でも、そこを大事にしてやっていこうと思っていた。その意味では、今日ピッチに立った選手、立てなかった選手全員に『This is football』だという話をしてあげたい」

「This is football」について、指揮官はこんなふうに掘り下げる。

「ボールを持ったときに相手のゴールに迫るプレーはなにか。単純に相手の裏へ蹴って確率の低いプレーを選択するのはフットボールではなくて、清水戦は自分たちがボールを保持したときに意志や意図のある攻撃が多かった。逆にフットボールは攻撃だけではダメで、前線からGKまで連動して奪ったり守ったりしなければいけない。そういうフットボールができ、意図のないプレーが少なかった」

さらにさかのぼること2014年6月、J2を戦う湘南はジュビロ磐田とのアウェイゲームに臨んでいた。岡田翔平（現ザスパクサツ群馬）の得点とオウンゴールにより2－1で勝点3を持ち帰ったこの試合、しかし結果以上にゲームの中身が印象深い。ライトグリーンの足は試合を通して攻守に止まらず、タイトなプレスからときに複数で相手を囲み、奪うや縦へ縦へとつけていく。先制し、一時は追いつかれるも、彼らはふたたび突き放し、勝利を収めたのだった。

「足を止めずに最後まで相手ゴールに向かって行った選手たちの勇気は監督としてすごく誇らしい」

試合後の曺監督の言葉にも感慨が滲んだ。

「こういう試合をしないかぎり、我々のレベルも、それを司る日本のレベルも上がっていかないと僕は思っている。その意味で今日の試合は、お互いフェアに相手ゴールを目指すプレーが多かったのですごく気持ちよかったし、勝ったからいいということではなく、こういうゲームを続けることが選手を伸ばすのではないかとあらためて感じた。たとえば6番は永木（亮太）なんだとか、39番は武富（孝介）なんだとか、選手の名前を分かってもらえるような試合が少しはできたのではないか。それがなによりうれしい」

折しもこのとき、南米ブラジルではFIFAワールドカップが開催されていた。かの国へ世界中から熱い視線が注がれるなか、その地球の裏側で中断することなく続けられている2部のリーグで、こんなにも観る者の胸を熱くさす勝負が行なわれていることが誇らしかった。

選手の顔が見えるサッカー、選手の個性が見えるサッカーを、

時計の針を2017年にふたたび戻す。

主将や副将らの長期離脱、湘南に対する相手の高い温度、勝たなければならないプレッシャーなど、さまざまな苦境と向き合いながら、彼らは後半戦初戦となる第22節終了時点で首位に立ち、以降着々と勝点を積み上げ混戦模様の上位争いを抜け出した。

だが、ゲームの内容に目を向け、なにより選手の躍動や成長、「楽しむこと」に心を砕く曺監督は、

首位に立っているがゆえの難しさを彼らの内に見止めていた。

ボールを前線に入れていくこと、ひとを追い越していくこと、これまでチームとして大事にしてきたこと——あらためて指揮官は、トレーニングを通して自分たちが見つめるべきを彼らに問うた。

迎えた第35節ツエーゲン金沢戦、選手たちは果たして立ち上がりからあふれる躍動を開放した。電光石火とはかくや、キックオフの笛の余韻もまだ耳に残る10秒余りで山田直輝（現浦和レッズ）が先制ゴールを仕留めると、以降も秋野央樹に菊地俊介、アンドレバイアが効果的に加点し、かたや相手の時間帯は堅く受け止めながら勝利を収めた。4−2と失点こそすれ、あらゆる局面でライトグリーンが多く見えるような、ほぼ完勝と言える内容だった。

指揮官の穏やかな口調に、ふたたび感慨がこもる。

「ここ最近はリスクを冒すことを恐れ、後ろからアバウトなボールを蹴ってしまったり、1点を守り切ろうとして最後ずっとボールを持たれ続けたりする試合がすごく多かった。いまの順位はどうしても意識せざるを得ないものなので気持ちは分かりますが、でもそれをやっていたら自分たちの財産を食いつぶしていくだけ。大きくはなれないし、レベルも上がっていかないし、観ているお客さんもおもしろくない。今週そういう話をしたなかで、選手たちは非常に勇気を持ってやってくれたと思う。（藤田）征也は征也、山根（視来）は山根、直輝は直輝といったように、選手の顔が見える、選手の個性が見えるサッカーを、前後半を通じてできた。その意味では『This is football』ができたと非常にうれしく思っている」

湘南というチームのよさや自分たちのやるべきこと、楽しいことを思い出せた一日だったと指揮官は語り、「たいしたもんだなと思う」と、目を細めるようにして選手を称えた。

人間関係がピッチに落ちるようなサッカーを

自分たちの原点にあらためて立ち返ったチームは続いて水戸ホーリーホック戦に臨んだ。互いに特徴を傾けた濃密な45分を経て、後半間もなく試合は動く。途中出場の野田隆之介と高橋諒がそれぞれゴールを挙げ、相手のオウンゴールもあって、湘南は3－0で勝利した。

曺監督は試合後、ゲームの内容とともに、指揮を執るうえで大切にしている考えに触れた。

「10のうち9は苦しいことや嫌なこと、やらなければいけないこと。ただ、そのなかの1にうれしいことや幸せなことがあってほかの9も頑張れる。そのひとつの喜びを掴むために残りの9をどう捉えていくか。ポジティブに、前向きに問題を解決していくことが、僕がいちばん大事にしていること」

さらに指揮官は、走ることの大切さにも言及した。

「足を止めないことはすごく大事。走ってもなんにもならないと言うひともいるかもしれないし、ボールは汗をかかないからボールを走らせようと言う人もいる。でも僕は、ひとが走らなければボールは動かないと思っている。自分がもっと成長したいと望むなかで、走ることを横に置いてしまったら、成長もどこか片肺飛行のようになってしまうのではないか。その意味では、『走っているだけじゃないか』という言葉は『ボールはよく回していたけど勝てないよね』という言葉よりは賞賛されていると僕は捉えている。でも、もちろんそれだけではいけなくて、どう走るかが大事。走る意欲を持ち、ただ走るのではなく、2対1をつくるために走って、パスが来なかったらもう一回走る。それが仲間との信頼関係。そういった人間関係がピッチに落ちるようなサッカーをしたほうがいい」

ふと、2016シーズンをまえに語られた言葉を思い起こす。曺監督は社会における人間関係のあり方に懸念を抱いていた。

「いまの世の中は、ひとと接しないほうが楽だとか、人間関係を希薄にしても生きられることが価値観のひとつになっている。僕はそれがすごく気になっているし、そういう風潮を変えたいと思っています。ひととして生まれてきた以上、他者と関係をつくらなければいけないし、思いやりを持って、相手を受け入れなければいけない。そうしたことを差し置いて生活はできないし、ひとときちんと仕事ができなければダメだと思っている。サッカー選手も同じです。仲間となにも喋らずに得意のドリブルだけでゴールを決めようとしても、いまの時代はそんなに甘くない。選手はどのプレーもできなければいけないし、GKもフィールドプレイヤーを兼ねなければいけない。と同時に、シュートを決めるといった専門性も備えなければいけない。いまのサッカーは、分業であり兼業であり専業でなければ成り立たないんです」

日々育むフットボールに、指揮官の、選手たちの生き様が映る。答えはいつも、自分たちのなかにある。

column

再生

湘南ベルマーレに加入した2015年のある日のことだ。練習後だったろうか。「おまえの錆を取るのは大変だな」指揮官にそう言われたことを覚えている。言い得て妙だった。なぜなら、ボールをもらうのが怖かったから。なぜなら、昔みたいにサッカーが楽しくなかったから。

山田直輝の歩みは多くの人が知るところだろう。浦和レッズのアカデミーで育ち、二種登録を経て2009年、トップチームに昇格した。同年には18歳で日本代表に選ばれもした。だが以降、右腓骨骨折や左ひざ前十字じん帯損傷など怪我に繰り返し見舞われた。

その苦しみに想像は到底及ばない。山田はあるとき、こんなふうに語った。

「2012年に怪我をしてから正直サッカーがあまり面白くなかった。自分の思うようにできないし、そもそもサッカーをやっているという感じではない。新しいスポーツを始めたみたいな感覚。サッカーをやっているのに動き方が分からない。本能が動いてくれないから頭で考えないといけない。相手がここにいて味方がここにいるから、「あ、ここか」みたいな。そんなことをやっている間に相手もボールも来るし、判断が間に合わずに何も考えないで止めて、取られて。トラップも自分の思うようにいかないし、もう最悪なんです。だから面白くないし、怖いし、ボールも欲しくない。

自分はここで何をしていればいいんだろうみたいな、そういう感覚があった。自分のイメージと一致する試合がなくて、つらかったですね」

育成年代から自分を知る曺貴裁監督にはお見通しだったのだろう。浦和から湘南へ期限付き移籍する際に言ってくれた。「おまえが苦しんでいる姿を見るのが嫌だった」と。

湘南に加入して間もない頃のことは、苦笑いなしには振り返れない。

「来た当初は名指しでいちばん叱られていた。サッカーに取り組む姿勢、つまり最善を尽くせということだと思います。最善を尽くしてダメだったら仕方がないというのが曺さんのスタイル。つねに100％で臨み、だからどんな結果でもどんな内容でも後悔はしない。曺さんから見たら、僕の1年目は50～60％ぐらいだったんじゃないですかね」

かたや指揮官は、山田に対する指導について、のちにこう語っている。

「直輝がうちに来て、チームの戦力になるために、またいい選手になって可能性を広げていくために、中途半端な接し方ではダメだと思っていた。伸るか反るかではないが、徹底的に自由にやらせるか、逆に徹底的に言うか。バランスではダメだと思っていたので、僕は後者を選んだ」

再生の道のりはしかし平坦ではなかった。「恐れを知らない選手が初めて受ける恐れは、恐れて生きてきた選手よりもインパクトが強いと思う。彼はそれを若くして経験してしまったので、不安がどうしても抜けなかった。だからプレーに遊びがないし、余裕もなかった」そう指揮官も指摘したように、山田が本来の自分を取り戻すまでには時間を要した。

だが指揮官の述懐のとおり、厳しい指導やタフなトレーニングを通じ、山田の心は新しい季節へ向けて雪が解けるように徐々に徐々に解放されていく。「グラウンドから離れたときもサッカーを考える時間が増えた」と内なる変革も自覚した。

仲間にも恵まれたのだろう。たとえばキャプテンの永木亮太と繰り広げた1対1が印象深い。トレーニングであることを忘れさせるほどに熱い両者の球際が観る者を釘付けにした。

「やっていて面白かった」山田自身もまた楽しげに振り返ったものだ。

「いままでは、気持ちは闘いたいのに、アレ？　みたいなところがありました。でも、だんだんゴリゴリ行けるようになってきて、そういう自分らしさが出てきたかなと感じる。亮太くんとゴリゴリ戦って、『うわ、もっともっとこのひととガチやりたい』と思えたので、疲れましたけどすごく楽しかった」

在籍2年目となる翌2016年は怪我もあり、リーグ戦11試合と出場機会は減った。だが天皇杯を含め、シーズン終盤に向かうにつれて、なにかを乗り越えたように躍動する背番号8の姿がピッチの上に見止められた。

指揮官に声をかけられたのは、そんな折だ。

「おまえはもう下がっていくことはないな。ここからはよくなる一方だ」

だが湘南はこの年、J2に降格した。

「すごく悔しいシーズンだった。僕自身、J2降格は初めての経験だったし、自分が所属している年に降格してしまったので、絶対チームをJ1に戻したい。だから自分のなかでの今年の目標は、『絶対にJ1に昇格すること』です。そのうえで、昇格するためには自分の力が必要だと自分自身に唱え、活躍するためには怪我をしないとか、そういう細かい目標にどんどん繋がっていく。J1昇格を頭のなかのいちばん上に置いて臨みます」

新シーズンに臨むにあたり自覚を強める一方で、2016年を振り返り、こうも言った。

「チームが10連敗していたとき、みんなボールをもらいたくなくて蹴ってしまい、相手に取られ、またディフェンスをするということを繰り返していた。僕は怪我をしていたので、そういう苦しそうなみんなの姿をスタンドの上から客観的に見て、やっぱりサッカーは楽しまないとダメだと思えた。その気付きが自分のなかでは大きくて、チームとしてすごく苦しかったけど、自分のなかでは得るものもすごく多かった。だから曺さんと湘南に、ほんとうに感謝しているんです」

降格の責任を見つめ、自ら望んでチームに残った。そうしてJ2で迎えた2017年は開幕からスタメンに名を連ねた。前半戦は1ゴールに終わるも、試合を重ねるごとに存在感は増していく。

持ち前の縦横無尽の動きは攻撃面に限らない。前線からボールを追いかけ、相手に裏返されれば自陣に駆けるなど守備にも献身した。

リーグ戦も佳境を迎えた10月のことだ。ふいに語られた言葉が記憶に新しい。

「紙一重のところで戦っている緊張感をつねに持っている。言葉にするのは難しいけど、自分がミスしたらピンチになるし、自分が成功すればチャンスになる、そのどちらかしかないという感覚。チームが勝つためにプレーしたいので、そういうギリギリのポジションでボールも受けているし、そこで受けないと僕のよさは出ない。大げさな言い方ですけど、ピンチになるかチャンスになるか自分に懸かっているというぐらいの気持ちでプレーしている。おもしろいですけどね、この緊張感。なかなかないですよ」

責任感もいっそう増した。

「湘南に来て3年目、年齢的にも中堅になり、チームの

中心として試合を戦わなければいけないシーズンだった。勝つために初めて1年間サッカーをやって成果も出た。勝負の責任を負ってプレーしたことが、自分のいちばんの成長かなと思う」

初めて経験するＪ２で39試合に出場し、５得点をマークした。過去８年間のプロ生活とはカテゴリーこそ異なれど、いずれもキャリアハイの数字である。リーグ制覇とともに「絶対にＪ１に昇格する」と誓った無二の目標もまっとうし、そうして４年ぶりとなる古巣への復帰を決断した。

「湘南で育ったこの体でもう一度チャレンジしたい」山田の言葉は力強い。

「ここで培った時間は、自分にとって、ひとりのひととして、すごく大事な３年間だった。完成したとは言わないけど、僕もひととして成長し、自分の世界も持てるようになった気がします。以前の僕じゃないというところを浦和のサポーターに見せたいし、湘南のサポーターには、湘南で培ったプレーは浦和でも通用するということをしっかり証明したい。浦和に戻ってチャレンジするのはいましかない」

12月初旬、チームはシーズンのすべての活動を終えた。選手それぞれの道のりに想いを馳せながら、穏やかに指揮官は言った。

「あいつの出発は、ここからだね」

２０１８年、再生を期した稀代の才の新たな章が開かれる。

chapter

5

人間・曺貴裁——結びに代えて

総合型スポーツクラブとしてさまざまな競技に取り組んでいる湘南ベルマーレは、Ｊクラブで唯一フットサルチームを持ち、日本フットサルリーグ（Ｆリーグ）に参戦している。同チームで現在アナリストプレイヤーとして活動している横澤直樹は、かつて監督を務めることになったシーズンに、研修のため曺貴裁監督のコーチングスタッフチームに2週間帯同したという。総合型の湘南ならではの取り組みだ。

くだんの帯同を通じて、横澤は指揮官に対しこんな印象を抱いたそうだ。「曺さんは、親のようで、先生のようだった」。

情に厚い。想いが高じて涙することも少なくない。シーズンを締めくくる解団式では毎年のように泣いていると聞く。

厳しさもまた然りだ。ミーティングで、トレーニングのピッチの上で、試合後のロッカールームで、年齢や経験の別なく叱る。メンバーの面前で、あるいは1対1で、徹底的に容赦なく。自分のチームばかりではない。ときには、次の試合に向けて分析の映像を見ながら、対戦相手となるチームの選手の緩慢なプレーに「なにやってんだ!」と思わず咎めることもある。そんな諸々の姿はたしかに、親や先生を想起さす。

「曺さんにとって選手とはどんな存在ですか?」

こんな問いに、少し間を置いて答えた。

「――すごく大事なものだけど、間違いなく、一方的に教える存在ではない。学ぶ対象であり、学ばせる対象であり、しかもそれは、70‐30でも40‐60でもなく、50‐50だよね。いつも50‐50でいたいなと思ってる」

そして、さらに言葉を重ねた。

「指導する選手を好きになるという点ではだれにも負けたくない。好きになるということは、選手のすべてを認めること。苦手な選手でも、気に入らないことがあっても、正面から伝え、互いに理解するようにしている」

ことほど左様に自分という人間をさらけ出し、選手に、スタッフに、係わるすべての人々に思いの丈を傾ける。怒りも喜びも哀しみも、まっすぐに表現する。

一方、お涙頂戴のような演出には冷ややかだ。つくられた感動、心の誘導が透けて見える物語を嫌うのだろう。

なるほど、と首肯する。

自分を偽ることなく生きるひと、他者とまっすぐ向き合うひとにとって、日常であるほどフィクションは受け入れがたいものかもしれない。どうしようもなく、本能的に。

相手と戦い、自分と戦う彼らの現場は、当然ながら100%ノンフィクションのシビアな世界だ。うわべの取り組みで成長や結果など望めるべくもなく、ぬるい関係では切磋琢磨もチームワークも生まれない。かりそめの輝きにもてはやされたとしても次は保障されず、輝き続けなければ文字どおり埋もれていく。あるとき自ら語ったように、現状維持は停滞に違いなく、ルーティンに呑み込まれれば降下も速い。

もちろん、結果は約束されるものではない。どこにたどり着けるか、どんな景色が待っているかは歩を進めてみなければ分からない。真っ向勝負とチャレンジと、自分に矢印を向けることでのみ道は拓かれる。

指揮者は折に触れ、サッカーを人生になぞらえる。

「サッカー選手として上に行くために、もちろんフィジカルや技術を高めるけれど、考え方も大事。つまり試合に出られないときにどうしなければいけないか、逆に、試合に出ているときになにをすべきか、負けたときにどう考えなければいけないか。それはきっとサッカーだけでなく、ほかの仕事でも生活においても、高校生でも大学生でも、みんなに当てはまること。私生活とサッカーは絶対に繫がっていると思うし、人間性はピッチに出ると思う」

だから曺監督は、親が子に接するように、ときに先生が教え子を導くように、まっすぐに選手と向き合う。なにより、選手と監督であるまえに、ともに生きるひととして信頼関係を築いていく。

他者と本気でぶつかる姿勢について、あるとき少し語気を強めて言った。

「じゃあ『7割で付き合う』ってなんなのって思う。本気以外になにがあるの？　ひととして生まれてきたら、ひとと関係をつくらなければいけないし、ひとに対して思いやりを持たなければいけないし、ひとを受け入れなければいけない。サッカー選手も同じ。仲間となにも喋らずにドリブルしてゴールを決めてなんて、いまの時代そんなに甘くない。人間関係を脇に置くような仕事や生活なんて俺にはない。社会のなかで、ひとときちんと仕事ができなければいけない」

本書の執筆に臨むにあたり、これまでに書き溜めた取材ノートやテープ起こし、寄稿した原稿、片隅の走り書きも逃さず見直した。それでも、取り上げられなかった選手や出来事は枚挙にいとまがない。ここに記したエピソードは彼らの日々から漏れ聞こえてきたほんの一部に過ぎず、教え子たちの脳裏には、それぞれに曺監督との思い出が深く色濃く刻まれているだろう。

一方で、指揮官の言葉に依存しすぎているのではないかと、物書きとして思うところもある。だからこれからも、語られる言葉を余さず掬いながら、そのなかに宿るエネルギーを、指導者として伝えたいメッセージを、曺監督の言葉そのものに甘えることなく、多くに届けていかなければと引き締める。

しかし、こうして曺監督とベルマーレの6年間をあらためて辿るのは、とても感慨深い旅だった。このような場をいただかなければなかなかできなかっただろう。機会をくださった産業能率大学出版部をはじめ、これまで書かせていただいたさまざまな媒体、読者や係わるすべての方々、そして曺貴裁監督と湘南ベルマーレに、この場を借りてお礼申し上げます。

ところで、かつて使っていた取材ノートのなかに懐かしい風景を見つけた。曺監督が就任して最初の練習日に行なわれた囲み取材のときのものだ。

指揮官の口調はとても早い。だがこちらは当時、ICレコーダーを使わずに手書きでメモを取っていた。少し色褪せた紙の上には、立て板に水のごとく繰り出されるその言葉を逃すまいと必死に食らいつくミミズみたいな文字が数ページにわたり躍っている。

〈2012年1月17日　馬入　始動日〉

選手には最初からボールを使うからコンディションを整えてきてくれと話しておいた

昇格は結果。どういうサッカーをするかが大事

待ち構えるのではなく、相手の嫌なところで意図的にボールを回し、決定機を増やす

後ろから組み立て、守備も攻撃もできるだけ敵陣で行なう

守りを固めて速く攻めるのがJ2のトレンドだが、湘南スタイルをつくっていきたい

システムも自分たちが自分たちのスタイルを出すために選ぶ

相手に合わせず、既成のものを壊すチャレンジをしたい

チームは明るくないといけない
うちはベテランも含めて伸びしろの多いチーム
選手のいい部分を出させてやりたい
全員が戦力
みんなが大事
選手とよく話しながらやっていこうと思っている
選手が自分からやることがいちばん大事

曺さんが大切にしていることは、いまもずっと変わらない。

著者略歴

隈元 大吾（くまもと だいご）

1973年神奈川県生まれ。中央大学卒業後、ラジオ番組の制作を経て文筆業へ転身。フリージャーナリスト李春成に師事し、スポーツを中心に幅広く取材執筆を行なう。2003 年より湘南ベルマーレの取材を開始。サッカー専門誌や一般誌等に寄稿するほか、オフィシャルハンドブックやマッチデイプログラムなど、クラブの刊行物の執筆に携わる。

監督・曺貴裁の指導論
～選手を伸ばす30のエピソード

〈検印廃止〉

著　者　隈元 大吾
発行者　飯島 聡也
発行所　産業能率大学出版部
東京都世田谷区等々力 6−39−15　〒158−8630
（電話）03（6432）2536
（FAX）03（6432）2537
（URL）http://www.sannopub.co.jp/
（振替口座）00100-2-112912

2018年 2月28日　初版 1 刷発行

印刷所／渡辺印刷　製本所／渡辺印刷

ISBN 978-4-382-05757-9